AMIGOS E O TEMPO

TUDO COMEÇOU NA ANTARCTICA

Editora Appris Ltda.
1.ª Edição - Copyright© 2021 dos autores
Direitos de Edição Reservados à Editora Appris Ltda.

Nenhuma parte desta obra poderá ser utilizada indevidamente, sem estar de acordo com a Lei nº 9.610/98. Se incorreções forem encontradas, serão de exclusiva responsabilidade de seus organizadores. Foi realizado o Depósito Legal na Fundação Biblioteca Nacional, de acordo com as Leis nos 10.994, de 14/12/2004, e 12.192, de 14/01/2010.

Catalogação na Fonte
Elaborado por: Josefina A. S. Guedes
Bibliotecária CRB 9/870

A516a 2021	Amigos e o tempo : tudo começou na Antarctica / Santino Oliva ... [et al.]. - 1. ed. - Curitiba : Appris, 2021. 141 p. ; 23 cm. Inclui bibliografia. ISBN 978-65-250-0535-5 1. Memória autobiográfica. I. Oliva, Santino. II. Título. CDD - 808

Editora e Livraria Appris Ltda.
Av. Manoel Ribas, 2265 – Mercês
Curitiba/PR – CEP: 80810-002
Tel. (41) 3156 - 4731
www.editoraappris.com.br

Printed in Brazil
Impresso no Brasil

Santino Oliva
Eurides Batista Pudo
Celso Carlos da Silva
Josildo Roque Xavier

AMIGOS
E O TEMPO
TUDO COMEÇOU NA ANTARCTICA

FICHA TÉCNICA

EDITORIAL
Augusto V. de A. Coelho
Marli Caetano
Sara C. de Andrade Coelho

COMITÊ EDITORIAL
Andréa Barbosa Gouveia (UFPR)
Jacques de Lima Ferreira (UP)
Marilda Aparecida Behrens (PUCPR)
Ana El Achkar (UNIVERSO/RJ)
Conrado Moreira Mendes (PUC-MG)
Eliete Correia dos Santos (UEPB)
Fabiano Santos (UERJ/IESP)
Francinete Fernandes de Sousa (UEPB)
Francisco Carlos Duarte (PUCPR)
Francisco de Assis (Fiam-Faam, SP, Brasil)
Juliana Reichert Assunção Tonelli (UEL)
Maria Aparecida Barbosa (USP)
Maria Helena Zamora (PUC-Rio)
Maria Margarida de Andrade (Umack)
Roque Ismael da Costa Güllich (UFFS)
Toni Reis (UFPR)
Valdomiro de Oliveira (UFPR)
Valério Brusamolin (IFPR)

ASSESSORIA EDITORIAL
Lucas Casarini

REVISÃO
Andrea Bassoto Gatto

PRODUÇÃO EDITORIAL
Letícia Hanae Miyake

DIAGRAMAÇÃO
Yaidiris Torres

CAPA
Amy Maitland

COMUNICAÇÃO
Carlos Eduardo Pereira
Débora Nazário
Kananda Ferreira
Karla Pipolo Olegário

LIVRARIAS E EVENTOS
Estevão Misael

GERÊNCIA DE FINANÇAS
Selma Maria Fernandes do Valle

COORDENADORA COMERCIAL
Silvana Vicente

Dedicamos esta obra, de forma especial, ao nosso amigo JOSILDO, que, infelizmente, faleceu antes do lançamento desta. Ele é um dos quatro componentes e, também, o responsável pela nossa linda história de amizade. O céu está em festa, pois recebeu o sorriso do "Josildão", uma pessoa amável e sempre excelentemente bem-humorada. Por onde passava, deixava sua alegria contagiante. Você, nosso amigo, será eterno em nossas mentes!!!!

Dedicamos, também, este livro a Deus, às nossas famílias, aos amigos e colegas que, de algum modo, participaram de nossas vidas e trajetórias. Aos nossos pais, pala base que nos deram na busca das nossas conquistas, e à Companhia Antarctica Paulista, por nos permitir o início dessa amizade, a qual dura mais de 40 anos.

A amizade verdadeira é como um bom vinho. Quanto mais o tempo passa, mais saborosa e cara ela fica.

(Rodrigo Lopes Lemos)

PREFÁCIO

Quando recebi o convite para escrever o prefácio desta obra logo senti o quão grande era a minha responsabilidade. E falar sobre a grande amizade desses extraordinários amigos, que por décadas perpassaram todas as dificuldades e vitórias que o tempo se encarrega de trazer, deixou-me muitíssimo honrado.

Escrever é um dos meus grandes prazeres e abordar a história desses amigos – Santino, Eurides, Josildo e Celsinho –, que têm algo em comum, a empresa Antarctica, objeto simbólico da união e responsável por iniciar a solidificação demonstrada pelo carinho, experiência, dor, alegria e nostalgia, misturados com amor, superação e determinação em transcender a representatividade dessa empresa, sendo o elo para perpetuar a grande amizade desse quarteto, que posso chamar de fantástico.

Nesta obra, a história relatada, que eu tomei a liberdade de chamar de "Roda de Conversa", pois é uma construção de um espaço de diálogo que permite se expressar e aprender em conjunto, e foi o que eles fizeram, nos fabulosos diálogos, que deixarão os leitores atônitos com os diversos enlaces da amizade. Na obra de Hamilton Werneck (2004, p. 7), *Educar é sentir*, é possível fazer uma releitura da abordagem, que afirma:

> O mundo apresenta dois caminhos claros a nossa frente: num deles parece estarmos incapacitados de segurar o mundo que rola sobre nós com todo o seu peso, retratado na necessidade de constante aprimoramento, atualizações, buscas para enfrentar a velocidade do tempo; noutro deles, surge a oportunidade de enfrentar, com nossa inteligência e a capacidade de sentir as pessoas, as dificuldades da vida profissional.

Entre esses dois caminhos, os autores desta obra preferiram fazer uma abordagem pelo viés do segundo caminho, demonstrando força para suportar e superar as dificuldades da vida, encontrando e demonstrando a felicidade nas diversas histórias que o tempo se encarregou de entrelaçar, tendo como ponto inicial a Antarctica, que foi o lugar escolhido pelo mistério do tempo como responsável por marcar as vidas de todos, durante todo o tempo existencial. Ouso afirmar que nem a morte apagará a importância de cada um na vida dos demais.

Portanto, esta obra nos fala sobre detalhes secretos de uma amizade que transcendeu o tempo, demonstrando aquilo que o autor Paulo Santana abordou brilhantemente, que é a devoção pelo amigo e a necessidade que se sente dele. A amizade é um sentimento mais nobre que o amor porque permite que o objeto dela se divida em outros afetos, enquanto o amor tem intrínseco o ciúme, que não admite rivalidade. Gostaria de acrescentar a afirmação de que esses amigos poderiam suportar, embora não sem dor, se tivessem morrido todos os seus amores, mas enlouque-ceriam se morressem todos os seus amigos, pois a vida de cada um se torna completa com a existência dos demais.

Assim é esta obra literária, um toque de magia, poesia, cotidiano e realidade, em um diálogo sobre diversas esferas da vida, demonstrando, enfaticamente, que ela deve ser vivida com muita qualidade.

Parabéns, nobres amigos, pois a história de vocês faz afirmar o que diz o provérbio 18:24, na Bíblia Cristã: "Existem amigos mais apegados que irmão", e vocês são esses amigos.

O título desta obra é *Amigos e o tempo: tudo começou na Antarctica*, e acredito que uma das melhores formas de se viver o tempo é ao lado da família e, principalmente, dos amigos. Assim, continuem a aproveitar a vida e a nos brindar com muitas outras histórias como as que estão nesta brilhante obra.

Francisco José Barbosa
Doutor em Ciências Sociais

SUMÁRIO

CAPÍTULO I
ENCONTROS E REENCONTROS 13

1.1 Cavalheiros da Antarctica: juntos outra vez 13

1.2 Quando tudo começou 19

CAPÍTULO II
ESTRADAS DA VIDA 27

2.1 Pé na estrada: uma nova aventura começa 27

2.2 Tudo, no final, acaba em pizza? 32

2.3 Josildo e Santino na estrada do feijão 34

2.4 Lembranças de quatro caminhos 37

2.5 Sempre levante a cabeça 38

2.6 Vida pós-Antarctica 45

CAPÍTULO III
PERDIDOS NA NOITE 55

3.1 Desafios da escuridão 55

3.2 Garanhões trapalhões de santos 59

3.3 Viagem para Ilha Bela 63

3.4 Cachaça e volante, perigo constante 66

3.5 O escolhido do Malibu 71

3.6 A volta de Poços de Caldas 74

3.7 Luz no fim do túnel 81

3.8 Cida, a mulher valente! 88

3.9 O volante de madeira 91

3.10 A saga do Corcel marrom 97

CAPÍTULO IV
O TRIUNFO DOS QUE PERSISTEM 103

4.1 É preciso celebrar a vida 103

4.2 Viagem para Uberaba 106

4.3 Hulk e o armário 109

4.4 Brincadeiras têm limite! 111

4.5 Memórias das conquistas 114

4.6 Saudoso XARESA 115

CAPÍTULO V
DE VOLTA AO LAR 123

5.1 Redescobertas: é hora de voltar. E o que ficou? 123

5.2 Lembranças do XARESA. 124

5.3 Santino e Josildo em Caraguatatuba 127

5.4 De volta ao aconchego: a história continua 132

CONSIDERAÇÕES FINAIS 139

CAPÍTULO I
ENCONTROS E REENCONTROS

1.1 Cavalheiros da Antarctica: juntos outra vez

Existem momentos na vida nos quais cada um de nós, seres humanos, refletimos sobre quem somos e o que estamos fazendo neste lugar chamado Terra. Olhamos para as nossas conquistas e derrotas de uma vida, olhamos para onde estamos no presente momento e onde queremos chegar, recordamo-nos de pessoas, lugares, coisas. Algumas nos levam a ter saudades e a querer voltar à época em que vivemos tais emoções; outras recordações simplesmente queremos esquecer. Essas reflexões são saudáveis desde que tenhamos a clareza de nossa importância neste mundo, e que tais pensamentos são apenas para identificar nossos erros e acertos, valorizar quem somos, o que vivemos, nossa história, e para recalcular rotas e planejar melhor o caminho a seguir.

Exatamente nesse momento da vida se encontrava um homem, entrando com seu terno cinza num restaurante localizado no centro da cidade. Com um olhar reflexivo, ele se senta à mesa, numa das quatro cadeiras que previamente havia reservado para o almoço, e coloca sua pasta de trabalho no chão, ao lado da mesa. Dessa vez, não era um de seus almoços de negócios. Pretendia encontrar pessoas especiais para ele, amigos de uma vida. Na verdade, são mais de quarenta anos de amizade.

Santino Oliva, nascido a 22 de novembro de 1961, embora tenha nascido em São Paulo, no Bairro da Liberdade, traz em suas veias sangue italiano legítimo. Seus pais vieram para o Brasil refugiados da guerra causada por homens que não valorizavam os seres humanos, o amor e a vida, deixando a ganância e a sede de poder falar mais alto. Mesmo mediante tal contexto, ele se tornou um homem bem-sucedido, com duas boas profissões – contador e advogado –, esposa e dois filhos bem-criados de um primeiro casamento.

Compreendia que, ao longo de sua vida, havia conquistado e perdido várias pessoas e coisas. Indagava-se sobre o sentido de sua vida, se havia feito a diferença na vida de alguém além de sua família, buscava puxar pela memória momentos especiais em sua existência. Percebeu, dentro do seu coração, a importância que seus amigos tinham em sua vida, em especial três deles. Desejava relembrar as mais incríveis histórias e experiências que já havia passado em sua vida, e sentia que boa parte delas teve grande participação desses amigos.

— Boa tarde, moça! Um café e um croissant de frango, por favor – solicita Santino à garçonete enquanto espera seus convidados.

Logo na sequência, aparece outro homem, de cabelos e barbas grisalhas bem-feitas, vestido com camisa social quadriculada nas cores azul e branco. Santino logo avista o amigo e o cumprimenta:

— Olha, se não é o grande Eurides! Como vai você, meu amigo? Que bom te ver! Sente-se!

— Muito bem, senhor Santino! Igualmente! E você, como está? Então quer dizer que "mio buono amico" de sangue italiano está apreciando um lanche francês? – comenta Eurides.

— Pois é, Seu Eurides! A fome não esperou meus amigos "atrasildos". Hehe! Também estou bem, apenas pensando em algumas coisas, relembrando algumas histórias, mas vamos conversar melhor sobre isso. Logo os outros meninos chegarão e eu contarei o que estou tramando – explica Santino com ar de mistério.

Eurides, bem como Santino, também é contador, possui um escritório numa cidade vizinha. Nascido a 8 de março de 1961, na cidade de Socorro, divisa entre São Paulo e Minas Gerais, dizem os amigos que os moradores da região disputam a origem dele: os mineiros dizem que ele é paulista e os paulistas dizem que ele é mineiro. Embora tenha vivido uma infância difícil, também se tornou um homem bem-sucedido, com esposa e dois filhos. Apesar de, às vezes, ter um jeito sério, também gosta de fazer brincadeiras.

— Rapaz, estou curioso para saber o motivo desse convite, mas independentemente de qualquer coisa, é sempre bom rever os amigos. Lembro-me de quando a gente juntava as moedinhas para comer algo diferente e hoje estamos aqui, nos reunindo para almoçar uma boa comida. Mas tudo o que vivemos nos tornou quem somos hoje. Hei, Santino! Olha quem está vindo ali! – exclama Eurides.

— Grande Celsinho! Só nas "correrias" da vida? Como estão as coisas? Sente-se conosco, amigo! – diz Santino, cumprimentando Celso.

Celso, vulgo "Celsinho", também se aventurou nos oceanos da contabilidade. Há um bom tempo possui um escritório próximo ao do Eurides. Nascido a 17 de março, também em 1961, é natural da cidade de São Caetano do Sul, contudo, a maior parte de sua vida viveu em Santo André. Bem-sucedido, casado pela segunda vez, possui três filhos, um do primeiro, dois do segundo casamento, sendo um biológico e outra acolhida pelo coração. Vive uma vida tranquila, embora seu trabalho o coloque em alguns momentos agitados, assim como os demais contadores de nossa história.

— Nossa, que satisfação encontrá-los! Estou bem graças a Deus! E vocês? Ansioso para saber o motivo real desse convite! – diz Celso.

— Calma, meu amigo, calma! Logo mais saberá! – responde Santino. – Bom pessoal, acho que já podemos começar a pedir o almoço enquanto aguardamos nosso amigo Josildo chegar, não é mesmo?

— Opa! Que fome é essa, amigos? Me atrasei apenas alguns minutos, mas já estou aqui! Também estou morrendo de fome, então, bora fazer os pedidos?! – Surpreende-os Josildo.

— Aí, sim, Josildo! Chegou nosso amigo atrasildo mór! (risos). Como você está, meu querido? – Cumprimenta-o Santino.

— Estou bem, amigo! A vida tem seus altos e baixos, como num mar cheio de ondas, e assim vamos seguindo com o nosso barquinho! – responde Josildo.

— Que é isso, Josildo? Virou poeta agora? – Brinca Eurides.

Josildo também trabalhou com os outros três amigos, porém, diferentemente deles, fez outra escolha profissional depois de sair da Companhia Antarctica Paulista IBBC, onde trabalhou com os demais. Aventurou-se brevemente como caminhoneiro e seguiu sua trajetória até a representação comercial. Reza a lenda que vendia até gelo a esquimó. Casado, pai de cinco filhos, sendo um já falecido (in memoriam), ele é o mais experiente da turma. Nasceu na década anterior, a 10 de outubro de 1959, também na cidade de São Caetano do Sul, mas corre em suas veias sangue nordestino – seus pais vieram de Pernambuco para São Paulo em 1958, um ano antes de seu nascimento.

Devido às inúmeras atividades que cada um possui em suas vidas, nem sempre conseguem se encontrar, mas quando se encontram aparecem histórias incríveis, que fazem cada um de nossos protagonistas recordarem a quão árdua foi a luta para chegarem aonde chegaram. Todos os tropeços que passamos nos levam ao aprendizado, tornam-nos mais experientes, aumentam nossa bagagem e nos fazem evitar novos erros.

Os acertos devem ser comemorados, mas em momento algum devem nos tornar pessoas conformadas, pensando: "Chegamos até aqui, está bom, podemos parar". A alegria de escalar, a força que o foco traz ao alpinista, é o que o leva a chegar ao topo. Quando se chega ao topo é extremamente importante sermos gratos, contudo, tão importante quanto, é saber qual a próxima montanha a ser escalada.

Enfim, Santino, Eurides, Celsinho e Josildo estavam juntos outra vez, reunidos em torno de uma mesa para celebrar a vida, a amizade. E não se trata de qualquer amizade: são mais de quarenta anos, são pessoas que não possuem o mesmo sangue, mas mantêm um forte laço de respeito e confiança, companheirismo e união. Difícil ver até mesmo casamentos tão duradouros, quanto mais amizades. Pessoas vêm e vão, algumas passam pelas nossas vidas, até são especiais, mas somem assim como apareceram, de repente. Portanto, uma amizade assim merece ser comemorada.

— Pois bem, meus amigos – fala Santino. – Andei pensando e repensando muitas coisas da minha vida e percebi o quanto vocês são presentes nas minhas memórias mais felizes e engraçadas. Claro que compartilhamos muitos momentos difíceis, de tristeza, de medo, de perdas, mas sempre, de algum modo, estávamos por perto, um para acolher o outro. Tenho refletido sobre tudo o que conquistei e perdi na minha vida. Acredito que sou um homem feliz e, de fato, sou muito grato a Deus por tudo que Ele tem me dado e me deu ao longo de toda minha história. Entretanto, às vezes me pergunto se, dentro de minha trajetória, fiz a diferença na vida de alguém, no mundo ao meu redor. Me lembrei de vários momentos que vivi em que vocês estavam, senti em meu coração que tantas vivências boas e incríveis não podem se apagar, que essas vivências e experiências merecem estar gravadas e perpetuarem ao longo do tempo. Penso que, para mim – e espero que para vocês também –, isso seja algo muito bom, perceber o quanto a nossa vida valeu e vale a pena. Quero que as memórias de nossa amizade fiquem registradas, por isso os reuni aqui. Quero, com vocês, relembrar momentos importantes nos quais estivemos juntos porque vocês, de fato, são muito especiais para mim. Posso contar com vocês?

— Santino, meu caro... Você está bem mesmo? Lindas palavras, tudo o que você disse faz bastante sentido e fico feliz que me inclua no grupo das pessoas que fizeram diferença em sua vida. Isso é recíproco. Mas me preocupo porque sentiu essa vontade de reunir essas memórias nesta altura da sua vida. Aconteceu algo com você? Sua saúde está bem? Está sendo ameaçado por alguém? – questiona Eurides.

— Vou concordar com o Eurides. De todo o meu coração me sinto honrado de saber que faço parte da vida de alguém, ainda mais de um amigo tão especial quanto você. Dividimos momentos incríveis, nos acolhemos nos momentos difíceis, foi tudo muito bom. Mas, de fato, pergunto o mesmo que o Eurides... Você está bem? Qual o motivo disso tudo? – indaga Celso.

— Gente, na minha opinião, achei uma ideia incrível registrar nossas memórias! Acho que todas as pessoas, em algum momento da vida, deveriam avaliar sua existência e registrar os momentos bons que já viveram e os aprendizados que tiveram nos momentos difíceis – fala Josildo, defendendo a ideia de Santino.

— Josildo, Josildo, meu amigo! Você está todo empolgado em sua fala, como sempre, nos começos das ideias, mas você está disposto a levar essa ideia com unhas e dentes caso dê certo? – pergunta Eurides com ar de dúvida.

— Claro! Certamente! Bom, lógico que dentro das minhas possibilidades. Nessa vida corrida e instável nem sempre podemos ter certeza das coisas – responde Josildo.

— Bom pessoal, deixem o nosso amigo Santino responder nossos questionamentos – diz Celsinho, colocando ordem.

— Amigos, estou bem de saúde e ninguém está me ameaçando (risos). Apenas chega um momento na vida de um homem que ele quer entender o seu legado, aquilo que ele vai deixar para as próximas gerações. Dizem que todas as pessoas durante a vida deveriam plantar uma árvore, ter um filho e escrever um livro. Para mim falta apenas escrever um livro e, amigos, vocês certamente estariam na capa dele – responde Santino.

— Foram tantas histórias, não é mesmo? Penso que seriam necessárias umas dez mil páginas para conseguirmos contar apenas uma parte de tudo. Não somos seres perfeitos, mas vivemos coisas incríveis, justamente porque mesmo com tantos defeitos, ousamos viver – comenta Celso.

— Nossa, esse povo está inspirado hoje! Quantas palavras bonitas! Quatro velhinhos filosofando sobre a vida. – Brinca Josildo.

— Epa, Josildo! Velhinho nada, cara! Sou dos anos sessenta, época da Jovem Guarda. Quem nasceu nessa década tem sempre a juventude dentro do coração, nunca envelhece! – diz Eurides em tom de brincadeira.

Concordando com Eurides, Celso complementa:

— Boa, amigo! Isso mesmo! Anos sessenta são os anos dourados, Roberto Carlos, Beatles, tantos outros, na música, no esporte... Uma juventude que rompeu muitas barreiras, que renovou. Mesmo mediante de um período conturbado em nosso país, não se calavam. Alguns eram capazes de dar suas vidas pelo que acreditavam. Esse povo, uma vez jovem, sempre jovem!

— Está certo, amigos! Vou ter que concordar com vocês. Embora eu tenha nascido no final dos anos cinquenta, minha infância também aconteceu nos anos sessenta. Mesmo numa infância pobre, éramos felizes e nem sabíamos. Brincávamos na rua, nos divertíamos. E olha que nessa época não tínhamos tantas tecnologias e nem sonhávamos com redes sociais. As relações entre as pessoas eram ao vivo e em cores – fala Josildo.

— Disseram tudo agora, amigos! Vivemos experiências incríveis, mesmo com poucos recursos. Hei! Sobre os anos 60, não podemos nos esquecer do Brasil arrebentando no futebol, se tornando bicampeão em 1962, 3 a 1 em cima da Tchecoslováquia – comenta Eurides com empolgação.

— Muito bem, pessoal. Ótimas lembranças! Mas agora, aproveitando o clima e a proposta que nosso amigo Santino nos fez neste nosso reencontro, gostaria de propor que relembrássemos quando foi mesmo o nosso primeiro encontro. O que acham de começarmos falando de nossas lembranças de como nos conhecemos? – propõe Celso.

Santino olha para Celso com olhar de aprovação e diz, animado:

— Concordo plenamente! Aí sim, Celsinho! Gostei de ver! Quero que todos vocês embarquem comigo nessa viagem. Então vamos lá! Vamos começar a trazer memórias de quando nos conhecemos.

1.2 Quando tudo começou

Quando relembramos com a mente e o coração, revivemos e entramos novamente naquela conexão. Dizem alguns estudiosos que a mente não diferencia fantasia de realidade num primeiro momento e apenas uma pequena parte do cérebro, no lobo frontal, nos faz filtrar o certo e o errado, o presente, o passado e o futuro, fantasia e realidade. É preciso uma explicação muito mais ampla e profunda sobre o funcionamento de nossa mente para que se possa compreender ao menos uma parte disso tudo, e esse não é o foco deste livro.

O que importa neste momento é sabermos que é extremamente necessário cuidarmos da higiene de nossa mente, pois lembranças ruins e pensamentos negativos são vivenciados profundamente pela nossa parte psicológica e, inclusive, pela nossa fisiologia. O contrário também: se permitirmos que boas lembranças e pensamentos nos contagiem, podemos trazer para nós boas sensações.

Os quatro cavalheiros sentados à mesa, saboreando uma boa refeição, buscam memórias do fundo do baú de seus corações. Trazendo à tona mais de quarenta anos de estrada, começam a relembrar memórias felizes, tristes, engraçadas, de aprendizado, entre outras tantas. Naquele momento, puxavam da memória lembranças de como tudo começou, quando se deu o início dessa amizade. Santino pede à garçonete:

— Por favor, traga para nós uma garrafa de dois litros de Guaraná. Esses rapazes vão dirigir e trabalhar ainda hoje, então não podem beber, porque senão já viu, né? (risos).

— Claro, é pra já! – responde a garçonete.

Santino, com ênfase, complementa:

— Moça! Não esquece, guaraná Antarctica, viu?

— Ok, senhor! Como preferir! – responde com simpatia a garçonete.

Josildo, o pioneiro do grupo na empresa onde se conheceram, começa a relatar sua visão sobre o início da amizade:

— Amigos, até me emociono ao lembrar, ainda mais tendo nossa conversa regada a Guaraná Antarctica. Acredito que nosso amigo Santino fez esse pedido de propósito para aguçar nossas memórias.

— Com toda certeza, Josildo! – Confirma Santino.

Josildo continua seu pensamento:

— O sonho de todo rapaz naquela época, desde cedo, era começar a trabalhar, ter a sua independência, poder convidar uma bela moça para sair sem depender do dinheiro dos pais. Enfim, não faltava energia para buscarmos nossos objetivos, o que aparecia estávamos prontos a encarar. Mas algo que me deixava incrivelmente animado era a ideia de um dia entrar numa grande empresa, e uma das primeiras que vinham à minha cabeça era a Antarctica, grande fabricante e distribuidora de bebidas, como o Guaraná que iremos tomar, e a famosa cerveja Antarctica, que agora é vendida com outros nomes após a fusão e ter se tornado Ambev.

— Rapazes, estava aqui pensando com meus botões... Quando falamos em Antarctica, não estamos falando apenas de nosso primeiro trabalho numa empresa renomada... Estamos falando de raízes... Desde muito jovem via meu pai falar dessa empresa com grande alegria, ele tinha orgulho de vestir a camisa dela. Meu Pai, vulgo Italiano, nascido em Boscoreale, na Itália, trabalhou na Companhia Antarctica Paulista IBBC, no setor do Chopp, por mais de 25 anos, onde se aposentou. Sempre tive muito orgulho dele e trabalhar na mesma empresa que ele foi uma grande honra para mim. – Rememora Santino.

— Nossa Santino, nem me fale... – comenta Eurides com emoção. Uma das coisas que mais me alegro em minha vida profissional é saber que o orgulho do meu pai foi eu ter trabalhado com ele sem nunca ouvir nada que o aborrecesse em relação a mim. Senhor Luiz Pudo, grande homem, trabalhou na Antarctica de 1961 até 1993. Ele era do Departamento de Vendas, do setor de mobílias para festas. Também se aposentou lá.

— Bem, pessoal! No meu caso não foi meu pai, mas minha mamãe diz Josildo, e continua: – Dona Ermira... Mulher guerreira, trabalhou na Antarctica de 1962 até 1977, como faxineira, no setor de refrigerante. Olhem que bacana, gente! Saber que nossa história na CAP vem de antes mesmo de entrarmos lá...

— Vocês, falando da Antarctica como raiz, eu então, tenho uma floresta inteira lá! (risos) – fala Celso sorrindo. – Meu pai, Geraldo Carlos da Silva, trabalhou na CAP em 1961 e 1962. A minha mãe Therezinha Moreira da Silva, trabalhou no Departamento de Vasilhame, depois foi para cozinha e terminou na oficina de costura, onde se aposentou, por volta de 1985. Minha tia Palmira Rosa trabalhou muitos anos na biblioteca. Já minha prima, Sandra Mattos, trabalhou muito anos também. Meu irmão, Vanderlei Carlos, entrou como engraxate e terminou no Departamento de Exportação. 35 anos de Antarctica. Ufa! (risos). E se eu procurar é capaz de ter mais.

— Minha nossa, Celsinho! – Brinca Eurides. – Se bobear você deve ter nascido em algum dos corredores de lá, ou até mesmo dentro duma caixa de cerveja (risos).

— Não podíamos deixar de falar dessas grandes pessoas, que nos ensinaram a ser cidadãos de bem, nos mostrando que a vida é uma luta e que podemos conquistar muitas coisas mesmo vindo debaixo. Reflete Santino.

— Cara! Nada foi nos dado de mão beijada. Tivemos que batalhar e pouco a pouco descobrir para que viemos. Muitas vezes, a vida nos faz ter vontade de desistir, mas quando lembro a luta que meus pais tiveram para me criar, levanto minha cabeça e, em memória deles, honro o que me ensinaram – Complementa Josildo.

— Bonito isso, Jô! – Concorda Eurides e continua: – A batalha não foi fácil, mas aqui estamos nós. Lembro muito desse começo. Passamos por muitas coisas boas e também difíceis lá, mas, para mim, naquela época, era como um sonho realizado. Me alegro por ter tido esse tempo e por dar esse orgulho aos meus pais.

— Cara, com toda certeza, trabalhar num lugar tão renomado era algo que todo rapaz desejava. Mesmo entrando num cargo bem simples, que a gente até chamava de "Picão", era algo incrível e fazia a gente, de fato, se sentir importante – fala Celso.

— Celsinho, deixa pra depois essa história de "Picão" (risos), porque pode dar "pano pra manga" para explicarmos. Vamos começar dizendo que éramos "office boys". A princípio será mais fácil de entender, embora em nossa carteira profissional fôssemos denominados pelo nome de "contínuo", lembrando que nossos serviços eram realizados na área interna da companhia – comenta Eurides, bem-humorado.

— Pois bem, meninos! Vamos continuar! Eu, Josildo, o mais inteligente, experiente e charmoso de todos, entrei na Antarctica entre junho e julho de 1975, como "Picão", ops, quer dizer, "office boy" da área de contabilidade. Fiquei nessa área por volta de seis a oito meses, tudo o que precisavam tínhamos que dar conta de fazer, darmos suporte. Não era um serviço muito fácil, exigia muito da gente, mas a gente se divertia também. Daí, logo no ano seguinte, entrou no meu lugar um moço meio estranho, mas bem engraçadinho. Quando ele entrou me animei, porque havia encontrado alguém com o nome mais esquisito do que o meu, Eurides. Daí eu fui para o arquivo da contabilidade geral até ser transferido para a contabilidade seccional.

— Bom, de tudo o que você falou, duas coisas não são verdadeiras: mais charmoso e mais inteligente (risos), brincou, né? Mas, enfim, como o Josildo disse, entrei no lugar dele como "office boy" da contabilidade em fevereiro de 1976. Antes de entrar na Antarctica fui verdureiro, sorveteiro, piruliteiro, mas não conseguia ajudar muito minha família. Quando entrei na Antarctica foi algo maravilhoso para mim e para minha família. Comecei a receber, na época, um salário de 731 mil cruzeiros, e com quatorze anos de idade assumi o aluguel da casa onde morávamos, que era em torno de 350 mil cruzeiros. Sempre fui muito grato aos meus pais por toda luta que tiveram para nos dar uma vida digna. Hoje em dia, muitos jovens nem pensam em trabalhar e, quando pensam, pensam apenas em coisas para eles mesmos. Bacana quando algum ainda pensa em ajudar os pais, ao menos pagando alguma conta. Isso também é desenvolver consciência – fala Eurides.

— Bacana isso, Eurides. Eu já sabia desse seu exemplo amigo, mas agora, ouvindo novamente e sobre a sua ótica de hoje, vejo o quanto você dava valor para sua família. Para a época era um bom dinheiro e ao invés de comprar bobeiras você garantia a moradia de quem tanto cuidou de você – comenta Santino.

— Pois é, Santino... Exatamente. E não me arrependo por não ter comprado outras coisas. Se voltasse atrás faria de novo. Mas nessa história de ter entrado na Antarctica, acabei conhecendo primeiro nosso amigo Josildo, uma vez que entrei no lugar dele. Só no outro ano, em 77, que fui conhecer um carcamano, praticamente italiano, mas no fundo gente boa. O Celso, vulgo Celsinho, ou melhor, vulgo Esquina. Tive mais contato com ele depois, porque ele era de outro mundo na Antarctica – diz Eurides.

— Celsinho, me relembra uma coisa... Por que mesmo todos te chamavam de Esquina? Não teria a ver com um possível segundo emprego secreto que você tinha nas madrugadas paulistanas, teria? (risos) – pergunta Josildo.

— Josildo, meu caro amigo, só não lhe respondo à altura porque temos crianças espalhadas por esse restaurante (risos). Já, já te respondo essa pergunta tosca. Mas entrando no contexto da entrada na Antarctica e como nos conhecemos, vamos lá... Eu entrei na Antarctica em 06 de maio de 1977. Fiquei na portaria apenas três dias. Depois fui ser "picão" no Departamento do Vasilhame, onde me apelidaram de Esquina. É porque todo dia pela manhã tinha que sair na rua para comprar lanches, cigarros e outras coisas para o pessoal do departamento... Eu passava nas mesas e falava: "Esquina, esquina", para cada um fazer seu pedido.

— Minha nossa! Você era office boy ou garçonete de um fast food? – Brinca Josildo.

— Josildo, Josildo... Tadinho do moço! O pessoal abusava do bichinho – Complementa Eurides em tom de brincadeira.

— Gente... – diz Celso. – Tudo fez parte desse processo de início. Hoje, a gente brinca, mas na época era tudo normal. Depois a situação foi mudando. Continuando com uma verdade que não é mentira, no dia primeiro de abril de 1979, fui transferido para a contabilidade, onde conheci o pessoal... Embora tenha sido uma promoção, eu não gostava de contabilidade, mas não tive opção, tive que ir...

— Cara, nem dá para acreditar! Não gostava de contabilidade e está há só quarenta anos nessa área. Fala sério, Celsinho! Você amou contabilidade depois que você conheceu a gente, não foi? Daí não queria largar mais, né? – Brinca Eurides.

— Cala a boquinha, amigo. Deixa-me continuar. Em 1982, estava cursando Economia, no Imes, em São Caetano, quando saiu uma lei dizendo que só poderia trabalhar em contabilidade quem estivesse cursando tal. Eu e uns amigos nos vimos forçados, novamente, a mudar o rumo de nossas vidas. Estava no terceiro ano já. Então pedi transferência para a Faculdade São Judas, na Mooca, para Ciências Contábeis.

— Celsinho! – exclama Josildo. – Você falou, falou, falou, e até agora não explicou como conheceu a gente. Diz aí.

— Bom, Jô, na contabilidade trabalhei com o Eurides e o Santino, diretamente no setor de fichas, por muitos anos. Você era da contabilidade, mas de outro setor, porém, como andava junto com os meninos e eu me juntei ao bando, você veio no pacote. Em 1989, recebi uma proposta de emprego de uma empresa que comercializava ouro, para ser contador e administrador. E esse foi o fim da minha saga na Antarctica, em 10/07/1989 – fala Celso.

— Santino, bambino! Agora só falta você para falar da sua saga na Antarctica – diz Eurides.

— Muito bem, Eurides! Vamos lá, meninos... Na verdade, entrei na Antarctica no dia 05 de julho de 77, como "picão" da portaria. Daí, com dois dias já me promoveram para "picão" da contabilidade. Foi numa data perfeita: 07 do 07 de 77. Vejam que coincidência numérica para um futuro contador. Então conheci Eurides e Josildo. Celsinho também, mas tive mais amizade depois. Sobre o trabalho de "picão", como vocês já sabem, fazia de tudo. Confesso para vocês que no começo eu era um jovem muito rebelde. Depois eu conto as minhas peripécias nesse setor. Por causa disso me prejudiquei um pouco quanto às promoções. Quase que me mandaram embora.

— Quem vê Santino hoje não sabe do que esse menino era capaz, gente! – Brinca Celso.

— Pois é, Celsinho... Ninguém imagina! – diz Santino. – Apenas em 1979 fui promovido para o arquivo geral. Isso no começo do ano, depois, no final do ano, fui promovido para o setor de digitalização de fichas. Foi muito bacana passar por esses aprendizados. A cada degrau eu percebia que estava amadurecendo, definindo melhor meus objetivos. Então, no ano de 1980, fui para o setor de lançamentos, onde fiquei por um bom tempo. Tive mudanças de cadeiras dentro do mesmo setor.

— Cara, agora lembrando aqui, você foi o último samurai. De nós quatro, o último a sair da Antarctica. Embora eu tenha continuado parceira dela, de lá foi você, correto? – questiona Eurides.

— Isso, amigo. Daí ainda continua minha história. Em 1987, prestei um concurso para ser auditor. Depois de um tempo fui chamado para ser contador da empresa ACS, que era a companhia de seguros da Antarctica – responde Santino.

— Nossa, longa trajetória! – exclama Josildo. – E quando foi o fim da saga Santino na Antarctica?

— Josildo, nem te conto o rolo nesse final... Eu tive uma grande oportunidade de ir para a mesma empresa que o Eurides tinha ido, a Multitel. Passei na entrevista em janeiro de 1991, mas o meu superior na época, embora tenha dito que não se opunha a minha ida para a nova empresa, ele precisava de um substituto para o meu cargo. O problema foi que não encontraram ninguém que se encaixasse naquele perfil de imediato. O tempo passou e eu perdi a vaga na Multitel, e apenas em julho de 1991 fui mandado embora. Resultado: fiquei sem emprego e sem a vaga na Multitel. Mas a males que vêm para bem. Só depois disso é que dei uma agilizada na minha vida profissional. – Finaliza Santino.

— Amigos, realmente está muito bom o nosso papo. Estou achando o máximo relembrar essas histórias. Tinha muita coisa que eu nem lembrava. Mas o tempo está passando e acredito que teremos tantas histórias ainda para contar que se a gente ficar aqui, do almoço ficaremos para a janta e, certamente, estaremos aqui para o café da manhã – diz Josildo, preocupado com o tempo.

— Meninos, tenho uma proposta meio maluca, mas acho super conveniente e veio a calhar com nosso reencontro saudosista. Tenho uma chácara na cidade de Araçoiaba, no interior de São Paulo, e teria muito prazer em receber vocês para passarmos o final de semana lá. Daí a gente conversa bastante, toma umas, come um churrasco e desfruta da natureza. O que acham de continuar essa missão lá? – pergunta Eurides.

Celso responde:

— Acho uma ideia sensacional! Super topo. Acho que será bom para nós e para nossa história.

Josildo comenta:

— Eurides, a proposta é muito boa. Topo também. Mas me diz uma coisa, esse lugar para onde iremos não é aquele lugar onde apareciam extraterrestres?

— Apareciam não, Josildo. Na verdade, reza a lenda que ainda aparecem. E digo mais, a mulher do antigo dono dessa chácara afirmou que os alienígenas colocaram um chip na cabeça dela e disseram que em breve voltarão para resgatar o chip (risos). Conversa fiada, né? Apenas uma brincadeira para atrair turistas – responde Eurides.

— Olha, cara, eu não duvido de mais nada nesta vida, mas, seguramente, não correríamos perigo de sermos abduzidos. Eles iriam ver quatro marmanjos feios pra chuchu e, certamente, sairiam de lá correndo. – Brinca Celso.

— Brincadeiras à parte, amigos, achei uma ideia fantástica! Seria no final de semana agora, correto, Eurides? Só marcar o horário e como a gente faz para chegar até lá – diz Santino.

— Exato! Final de semana agora. Acho bacana irmos na sexta-feira à noite, por volta das sete horas, porque daí aproveitamos desde sábado cedo a estada lá. Poderíamos ir na Harley Davison do Josildo, mas só cabe um na garupa, então podemos ir de carro – fala Eurides.

— Antes fosse uma Harley, meu caro. Mas gosto muito da minha. Já me levou para diversos lugares – responde Josildo.

— Pronto, amigos! – exclama Santino. – Está definido. Sexta-feira, às sete da noite, sairemos da casa do Eurides. Pode ser no meu carro. Avisem as esposas que iremos apenas nós e que não iremos aprontar, nem com as alienígenas (risos).

E, assim, combinaram uma nova aventura na vida dos quatro cavaleiros da Antarctica. Há tempos não viviam algo assim, mas naquele final de semana seria mais do que relembrar histórias; seria, na verdade, perceber que estavam vivos e o quanto suas histórias significaram para construir o que são hoje. Que situações esperam por eles nesse passeio?

CAPÍTULO II
ESTRADAS DA VIDA

2.1 Pé na estrada: uma nova aventura começa

Todos nós, seres humanos, somos convidados a caminhar pelas estradas da vida, e existem diversos caminhos possíveis a se trilhar. Alguns caminhos mais largos, outros mais estreitos, alguns tortuosos, outros retos; ainda existem aquelas rotas que nos levam a uma escalada, como numa montanha íngreme. Em certos momentos nos deparamos com bifurcações que nos pedem escolhas, precisamos ter decisão nessa caminhada.

Assim é a vida, uma grande rodovia que pode nos levar aos mais diversos lugares, uma escolha pode mudar totalmente o destino da viagem. Em alguns casos ainda é possível recalcular a rota, sendo necessário realizar conversões que nem sempre são fáceis, mas tudo depende do nosso foco, do quanto nossos objetivos fazem sentido.

Mesmo quando erramos o caminho, passamos a ser conhecedores de novas estradas, podendo ajudar novos viajantes a não cometerem os mesmos erros. Também ficamos mais experientes para não os cometer em outros momentos. Acontece, ainda, de numa dessas escolhas erradas, encontrarmos algo tão bom que o erro passa a ser o certo e o que seria o certo passa a ser compreendido como errado. Por isso precisamos ter sempre em mente a necessidade de aproveitarmos cada paisagem, cada reta, cada curva, cada pedaço de chão que esta vida nos oferece, porque essa estrada um dia acaba e o que fica para nós é a experiência de cruzarmos esta encantadora travessia chamada vida.

Bom, finalmente, chegou o grande dia, após muitos anos, de eles estarem reunidos para vivenciarem um momento entre amigos. Convencer as esposas que "tomada não é focinho de porco" não foi uma tarefa muito fácil. Aliás, como explicar um passeio sem elas justamente num final de semana? Entretanto, para nossa surpresa, todas foram compreensivas com a causa. Todas conhecem os amigos, sabem da índole deles, então, não houve tanto problema. Porém, houve "aquela" recomendação: "Não se acostuma, viu".

Todos com mochilas prontas no local combinado, pneus calibrados, carro abastecido, comida para dois dias reservada. Agora era só entrar no carro e partir. Não era num conversível igual nos filmes americanos de aventuras, mas para eles era, sim, algo fora da rotina. Santino, então, diz empolgado:

— Vamos lá, galera! Todos a bordo para essa nova aventura! Apertem os cintos, confirmem se os seguros de vida estão válidos e vamos nessa!

— Nem brinca, Santino! Vamos na paz, tranquilos e "bora" nos divertir! – exclama Josildo.

— Cara, estou imaginando... Se a tal da história dos alienígenas for verdadeira, qual de nós eles vão querer levar primeiro?! – Brinca Celso.

— Celsinho, meu caro... Acho que seria você que tá acreditando nessa história! (risos) Bom, talvez o Ultraman te salve antes, não é mesmo? – Eurides devolve a brincadeira.

— Brincadeiras à parte, Eurides, quanto tempo é daqui para lá? – pergunta Celso.

— Uma média de duas horas a duas horas e meia. Depende do motorista. Eu demoro menos de duas horas, mas como é o Santino, acredito que umas quatro horas – responde Eurides, provocando Santino.

— Eurides, cara, você não sabe o que você tá falando. Eu e o volante somos dois parceiros. Rapidinho a gente tá lá – diz Santino.

Todos acomodados dentro do carro, começa a aventura. Pé na estrada! Ou melhor, "roda na estrada!". A viagem se inicia cruzando Santo André, em direção ao Rodoanel. Os quatro jovens senhores, ao longo do caminho, distraem-se cantando, contando piadas, rindo, divertindo-se como adolescentes.

A vida adulta, cheia de responsabilidades, muitas vezes nos faz esquecer do que é experimentar um pouco desse "brincar". Todos deveriam, de vez em quando, experimentar situações mais leves, num campo relaxado, permitir que a cabeça refresque boas memórias, vislumbrar a natureza, vivenciar momentos de descontração, confraternizar com amigos. Como dizem os cientistas, isso nos ajuda a aumentar a produção de serotonina em nosso organismo, que é o neurotransmissor do bem-estar, bem como a dopamina, o neurotransmissor do prazer, entre outros. Assim, sair da rotina desgastante, proporcionar momentos agradáveis para si próprio, é algo que promove bem-estar e qualidade de vida.

— Hei, Italiano! – Eurides chama Santino segurando o riso. – Fiquei curioso para saber mais sobre sua fase de rebeldia na Antarctica. Relembre a gente de suas peripécias.

— Opa! É pra já! Não posso deixar de falar da minha fase rebelde na Antarctica (risos), do que não se deve fazer na vida profissional... – Santino começa a falar, segurando a risada. – Vocês acreditam que em meados de 1978, quando eu ainda era "picão", no final de mais um expediente, eu, numa atitude totalmente irresponsável, simplesmente peguei um papel e escrevi: "Fim do expediente". Até aí tudo bem, tudo tranquilo, mas escutem... Não contente com o feito, peguei um grampeador... Isso mesmo, um grampeador, o abril, lembram? E grampeei o papel numa mesa. Sim... Numa das mesas de madeira, mesa nobre, linda, que todas as noites era limpa e encerada pela turma da limpeza. Isso podemos considerar realmente uma atitude de rebeldia, que me rendeu uma tremenda chamada de atenção do meu chefe na época, o Domingos Cainé.

— Fala sério, Italiano! – fala Eurides com sarcasmo. – Não acredito que você bebia em pleno horário de serviço! Porque se isso não foi "cachaça", você tinha sérios distúrbios psicológicos (risos).

— Cara, tem certeza de que nesse dia você não foi levado numa camisa de força? Estava muito louco nesse dia... Grampear um papel na mesa não tem sentido algum! – comenta Celso em tom de brincadeira.

— Vamos lá! – fala Santino. – Mais uma história para a coleção de "um italiano muito louco". Outro fato bem irresponsável de minha parte foi num dia em que eu estava cheio de serviço a ser realizado, como fazer a distribuição de documentos nos quatro andares do prédio da administração da Antarctica, e resolvi, com um amigo, "picão" do Detri (Departamento Tributário), jogar futebol com bolinha de papel, no terceiro andar da administração. Quando estávamos em pleno exercício futebolístico, mas com as pastas contendo todos os trabalhos a realizar, meu chefe, sim, o mesmo, Domingos Cainé, me viu realizando o dito exercício em pleno horário de serviço. Eu não o vi, mas assim que meu amigo e parceiro do esporte me avisou de que meu chefe havia acabado de passar e me ver jogando, em total desespero, mais do que depressa, larguei o futebol e parti para realizar todo o trabalho, para retornar ao setor de contabilidade antes que meu chefe chegasse. Ok, consegui realizar o serviço antes da chegada de meu chefe, mas quando ele chegou, lá fui eu, chamado para mais uma vez tomar aquela bronca. Depois disso comecei a me endireitar e a parar de fazer trapalhadas.

— Santi, Santi... Realmente, você merecia um "troféu joinha", como "o criação da Antarctica" – fala Josildo.

— Puxa vida! – exclama Santino, sorrindo ao se recordar de mais uma história. – Ainda sobre minha fase de rebeldia, vocês se lembram de quando eu morava numa das casas da Antarctica?

— Opa! Claro que me lembro! – responde Eurides e complementa: – Chamávamos de Vila da Antarctica.

— Isso mesmo, Euridão! – Confirma Santino. – Ficava na Avenida Presidente Wilson, número 110, casa 20, no Bairro da Mooca. Minha casa ficava há uns 100 metros da portaria da administração da Antarctica. Chamávamos de "chapeira", onde "batíamos o cartão". Na verdade, onde anotávamos o cartão. Bons tempos... Pois é, no início dos meus trabalhos na companhia, todos os meses o chefe do setor de contabilidade, o Sr. Dirceu, recebia do Departamento Pessoal uma lista com os nomes das pessoas que se atrasavam na chegada ao serviço.

— Ou seja, a lista dos preguiçosos atrasildos, que dormiam até tarde por causa das ressacas. E isso no meio da semana, hein! (risos) – fala Josildo.

— Mais ou menos isso Jô! (risos) – responde Santino e continua: – Uma lista dos peões que não chegavam no horário de trabalho, pessoas que sempre chegavam com atraso. Como eu disse, eu morava a uns 100 metros do local de marcação de ponto e, acredite se quiserem, eu entrava na lista dos atrasados todos os meses. E todos os meses meu chefe me chamava a atenção e dizia: "Santino, o que está acontecendo? Todo mês você está entrando na lista dos atrasados! Cara, você mora ao lado da empresa e não consegue chegar na hora? Veja o exemplo dos meninos que moram em Mauá, Santo André e São Caetano do Sul. Veja que eles não entram na lista de atrasados e moram muito longe. O que você me diz?".

— Eita! Até imagino sua resposta! – comenta Celso ironicamente.

— Então, Celsinho... Daí, eu, com aquele ar de cínico, dizia: "Sr. Dirceu, Sr. Dirceu... Preste atenção... eles precisam pegar o trem para virem trabalhar e, então, precisam se levantar muito mais cedo para não perderem o trem. Aí, é claro, conseguem chegar no horário. Já eu, como moro muito perto, vou deixando para última hora e quando me dou conta, atrasei. É isso".

— Cara, você era muito, mas muito cínico! (risos) – fala Josildo.

— Cínico era pouco, Jô – fala Santino e dá sequência: – Mas é claro que sempre tomava aquela bronca. Até comecei a tomar jeito. Quer dizer, só um pouquinho... Mas não mais me atrasei, dando continuidade aos meus trabalhos na Antarctica. Minha querida mãe foi a responsável por eu ter, de certa forma, tomado jeito. Todos os dias, do trabalho dela, ligava para casa para que eu acordasse e não perdesse a hora. Mas mesmo assim, muitas vezes, eu perdia a hora. Bom, como disse, fui tomando jeito, sendo mais responsável e tudo deu certo. Devo muitíssimo à minha mãe querida, muito querida, e aos meus superiores, pois por muito menos poderiam ter me demitido, me mandado embora, mas acreditaram em mim e perceberam que era apenas uma fase de adolescência. Sou muito grato a todos. Na verdade, na verdade, tive muitas atitudes inconsequentes e infantis na minha vida, inclusive na vida profissional. Mas acredito que isso faz parte do universo adolescente, de achar que o mundo é pequeno demais e querer ultrapassar todos os limites ao mesmo tempo, e também achar o mundo muito grande e querer explorá-lo, testando as diversas possibilidades oferecidas pela vida.

— Bonito o que você está falando! – elogia Celso, porém leva para a brincadeira: – Mas isso não muda o fato de você ter sido um adolescente com pelo menos uns 10 parafusos soltos (risos). Mas brincadeiras à parte, todos nós temos essa fase em nossas vidas e cada um a vivencia de uma maneira. Sem esse período seríamos pessoas bem menos experientes.

— Bem, Santino... – fala Josildo. – Ainda bem que você não explodiu a Antarctica com a gente lá dentro (risos).

2.2 Tudo, no final, acaba em pizza?

— Pessoal, mudando de assunto... Lembra uma vez que nós quatro fomos a um rodízio de pizza? – pergunta Eurides.

— Cara, lembro sim! – responde Josildo. – Por acaso foi no antigo Grupo Sérgio, em Santo André?

— Isso, Josildo! Exatamente! – fala Eurides.

— Nossa, Grupo Sérgio! Quanto tempo, hein! – comenta Celso.

Eurides, então, continua a história:

— Aquele dia foi muito bacana. E engraçado também. Estávamos nós reunidos e eu encontrei outros amigos no local. Logo começamos a comer. Estávamos famintos e aquelas pizzas eram muito boas.

— Me lembro bem, a massa era muito saborosa e fininha. No dia comi 21 pedaços. Só perdi para outro rapaz, que comeu 23. Mas de nós quatro eu fui o campeão. – Relembra Santino.

— Campeão não, Santino! Comilão (risos). – Brinca Celso.

— Verdade, Celsinho! – Complementa Josildo. – Nós como somos educados, comemos como rapazes finos (risos).

Eurides, então, continua a história:

— Pois é, meninos... Não me lembro ao certo, mas acho que naquela noite Santino teve seu momento de rei sentado no trono (risos). Mas ainda não foi a melhor parte! Assim que chegamos, após encontrarmos o pessoal e nos acomodarmos, percebemos que na mesa do fundo havia algumas garotas sentadas, "dando bola" para nós. Era bem claro isso. Daí, evidentemente, nós ficamos bem interessados na situação e de onde estávamos começamos a nos corresponder. Só que o que a gente não esperava era o fato de aparecerem alguns camaradas, que se sentaram próximos a elas, estragando os nossos planos. Na época, o Josildo era o maior de nós, o "fortão" da turma. Ficamos tão irritados que assim que vimos aquela cena, falamos: "Levanta, Josildo. Vai lá! Representa!". Daí, quando um dos caras se levantou, ele era "enorme", quase duas vezes o tamanho do nosso Maguila, então a gente rapidamente começou a dizer: "Senta, Josildo. Senta, Josildo".

— Cara, me lembro! E ele teve que se sentar senão ia apanhar até ver estrelinhas – diz Santino.

Josildo, então, expõe seu pensamento filosófico:

— Moral da história: nunca conte vantagem se achando o maior, porque pode haver alguém maior que você que, de repente, te faça contar dentinhos espalhados pelo chão.

— Credo, Josildo! Que filosofia de botequim é essa, rapaz! – comenta Celso.

— Olha, pessoal... É verdade! O cara dava dois do Josildo. Tem coisas que não vale a pena arriscar. Ficamos sem as meninas naquela noite, mas comemos uma boa pizza, nos divertimos demais, brincamos, confraternizamos. Foi tudo muito bom. E depois "rachamos o bico" dessa situação – fala Eurides.

— Muito bacana aquele dia pessoal. Pode parecer besteira, um pequeno momento, quatro horinhas que passamos de nossas vidas e até hoje nos lembramos! Quanto tempo se passou e ficou na memória?! É disso que estou falando, trazermos essas recordações e vermos como a nossa trajetória nessa estrada foi válida, uma aventura que valeu e está valendo a pena ser vivida. – Reflete Santino.

— Concordo, Santino! Não devemos passar por esta vida sem sermos gratos por tudo que vivenciamos em nossos caminhos, a cada dia. Claro que, ao decorrer da nossa estrada, cada ser humano passa por muitos buracos, de alguns conseguimos desviar e de outros não – Celso complementa a reflexão de Santino.

— Olha, já passei por muitos buracos – continua Josildo –, e acredito que cada um aqui também já passou por alguns buracos, até estragou o carro que guiava nas estradas da vida, mas cada vez que comparo a vida com uma estrada, percebo que se ainda estamos seguindo é porque mesmo quando quebramos no meio da estrada nós conseguimos, de algum modo, consertar ou, ao menos, fazer o carrinho funcionar.

— Nossa, como esse povo está filosófico hoje, hein! – diz Eurides. – Concordo em gênero, número e grau com tudo que vocês falaram. Acredito que todos os obstáculos que já enfrentamos nos tornaram mais experientes e cautelosos. Não somos perfeitos, mas já não somos os mesmos de antes. Podemos dizer que, de alguma forma, somos melhores, mas ainda temos muito a aprender.

2.3 Josildo e Santino na estrada do feijão

— A gente começou a filosofar sobre as estradas da vida. Daí eu me recordei agora de uma história bem legal com o Santino. Legal assim, contando nos dias de hoje, mas na época não foi bem assim... – Relembra Josildo e pergunta, olhando no espelho retrovisor para Santino: – Lembra quando você me acompanhou numa viagem que fiz para comprar feijão de um fornecedor?

— Cara, estou me lembrando... Espera um pouco! – responde Santino, com certa empolgação ao parecer se lembrar. – Foi nas minhas férias da Antarctica de 1982, quando viajamos para Minas Gerais, não é mesmo?

— Isso, Santino! Foi em 82, mas não fomos para Minas e, sim, para o Paraná, mais precisamente na cidade de Borrazópolis – diz Josildo. – Como todos sabem, depois que saí da Antarctica e após o episódio dos caminhões, comecei a me aventurar no universo das vendas e representações comerciais, o que me levava a fazer várias viagens para comprar alimentos como feijão e arroz, de alguns fornecedores. Eu costumo dizer que foi um grande presente na minha vida me envolver com essa área de vendas. Já havia passado por muitas coisas e isso foi um alívio para mim, além de me ajudar a construir a minha vida ao lado da minha família.

— Que bonito isso, Jô! De nós, você é o único que fugiu das ciências contábeis, mas você se encontrou e é isso que importa. Cada um com seu talento e fazendo o melhor uso que puder dele. E tenho certeza de que você sempre deu o seu melhor – comenta Eurides elogiando o amigo.

— Nossa, Eurides! Obrigado, cara. É bom ouvir isso! – responde Josildo, continuando: – Bom, mas voltando a minha história com o Santino, estávamos nas férias dele, em 82, indo para o Paraná, conversando besteira, contando piadas, relembrando histórias. Viajar com alguém do lado para conversar é bem melhor, o tempo passa mais rápido. Quando já estávamos perto de chegar à cidade, o Santino estava um pouco impaciente, querendo parar em qualquer restaurante para assistir um jogo do Corinthians que estava para começar.

— Meu, não consigo entender... Como um sujeito praticamente italiano da gema, que até faz vinhos com os próprios pés e fabrica seu próprio macarrão, torce para o Corinthians! Está traindo suas origens, seus fratelos palmeirenses? – fala Celso em tom de brincadeira.

— Cala a boca, Celsinho! Deixa de falar asneiras (risos). Sou um ragazzo Corintiano, pronto! – responde Santino à provocação de Celso.

Josildo continua a história:

— Gente, continuando a história... Já estávamos atrasados para assistir o bendito do jogo, torcendo para dar tempo, e não encontrarmos nenhuma polícia pelo caminho, porque o carro, ao que me lembro, estava sem a devida transferência para o meu nome, só tinha uma declaração feita pelo delegado de Santo André que o autorizava a utilizar o veículo. Quando estávamos praticamente na cidade, advinha quem estava na pista esperando a gente? Claro, é óbvio! Tudo o que a gente mais queria, uma blitz. Daí fizeram a gente descer do carro, pediram os documentos e começaram a falar uma série de coisas. Queriam multar a gente e deixar o carro apreendido. Falaram que teríamos que esperar até o outro dia para confirmar junto ao delegado de Santo André a veracidade do documento, o que só poderia ser feito às oito horas do dia seguinte. Pensa no transtorno que foi para nós naquele dia. Nessa altura, o Santino já estava possesso, pois já não tinha o que fazer quanto ao jogo, mesmo que saíssemos rápido.

— Verdade, Josildo! – Confirma Santino. – Queria muito ver aquele jogo... Sei que quando aquela blitz parou a gente, já sabia que não iria mais assistir, mas mesmo sabendo que não iria mais ver o jogo naquele dia, a ideia de dormir na delegacia não era nada, nada legal. E me lembro também que eles falavam tanta coisa, pareciam que queriam mesmo fazer uma pressão psicológica para ter alguma coisa de nós. Daí o Josildo falou assim: "Santino, vamos resolver isso de outro jeito?". E eu: "Ai, ai, ai, Jô, de que jeito?". Daí o Josildo colocou a mão na carteira, já fiquei imaginando. Mas, de fato, a gente não estava fazendo nada de errado. Fomos lá apenas a trabalho e aproveitaríamos a viagem. Era algo pequeno no documento, nem me lembro, mas fizeram tanta pressão que naquele dia me senti um traficante internacional procurado pelo FBI.

— Foi bem essa sensação que senti naquele dia! – Compartilha o sentimento, Josildo. – Mas ainda bem que, de certa forma, resolvi o problema, senão você estaria lá até hoje, com essa cara de mafioso italiano (risos). Te poupei de passar uma noite na cadeia. Tem que me agradecer. Hehe. Mas, enfim, gente... Depois deu tudo certo, consegui resolver os negócios, o Santino conheceu a fazenda do feijão, passeamos um pouco, foi muito legal. Depois ele até conseguiu ver os melhores momentos do jogo.

— Me lembro... Nossa! Pelo menos não passamos a noite na cadeia. E depois foi bacana mesmo, mas nossa... Ficou de lição para nunca mais deixarmos os documentos pendentes quando formos sair com o carro – diz Santino.

— Jô, agora estou me lembrando... Eu também fui com você numa dessas viagens, acredito que para o interior de São Paulo, num arrozal. Nunca tinha visto um arrozal tão grande de perto. Muito legal, gostei demais de ir – comenta Eurides.

— Olha, Eurides, eu não me recordo de uma vez específica no momento, mas me lembro de que vira e mexe vocês me faziam companhia. Era bem melhor viajar com um amigo, porque parece que a viagem passa bem mais rápido – fala Josildo.

Seguindo a viagem entre a Avenida Bandeirantes e a Marginal Pinheiros, os quatro Cavaleiros da Antarctica continuam refletindo sobre as aventuras que a vida lhes proporcionara. Para alguns, momentos são apenas momentos, para outros, são como tijolos na construção de um grande castelo, ou, ainda, cada momento é como 1 km mais perto da Terra prometida. O importante é termos um lugar para perseguir e saber que a estrada, por mais longa que seja, é o melhor meio para se chegar.

Seguir por uma estrada sem destino pode nos levar a lugares indesejáveis, ou mesmo nos fazer alcançar trechos muito pequenos em relação ao que o nosso potencial nos permitiria alcançar. Simplesmente sonhe, sonhe, e siga o caminho. É muito lindo estar com amigos, mas ainda que esteja sozinho, saber que, lá na frente, existe uma luz que nos norteia e nos leva onde mora a felicidade.

A felicidade é como um jardim imenso, um mar de rosas. Esse mar de rosas nos faz contemplar uma imensa beleza de formas e cores, e também nos permite sentir aromas deliciosos e encantadores. Contudo, cada rosa carrega em si mesma vários espinhos, que machucam e dói. Quem olha o jardim de cima jura que só há beleza, não imagina sequer um terço do tamanho da luta que o semeador das rosas passou para obter o que conquistou. Somente quem olha com os pés no chão consegue ver, abaixo daquele mar de cores, inúmeros caules repletos de espinhos. E são justamente esses espinhos que nos permitem entender o valor das pétalas. A beleza delas é nutrida pelo caule, que carrega os espinhos e retira da terra o alimento para sobreviver e manter toda beleza.

Nossos quatro protagonistas continuam a viagem nesse grande processo de imersão, cada um trazendo o extrato de uma vida, apresentando frutos e batalhas que já enfrentaram. Santino, então, propõe aos seus amigos:

— Pessoal, ainda temos um tempinho para chegar ao nosso destino de hoje. Embora já seja tarde, não vou correr como um desesperado para colocar nossas vidas em risco. Sendo assim, tenho uma ideia. Cada um de nós, até chegarmos a Araçoiaba, vai trazer um pouco das lembranças que tem do nosso caminho aqui na Terra. As histórias podem ou não ter a participação de algum de nós ou todos nós. Tragam aquilo que neste momento vocês desejam partilhar conosco. Tudo bem?

— Está ótimo, Santino! – Concorda Celso.

—Maravilha! – exclama Eurides. – Quem começa?

— Bom, vamos lá... Como eu sou o jovem há mais tempo nessa galera, posso começar de novo – propõe Josildo.

Embora os quatro já se conheçam há mais de quarenta anos, nunca se pode dizer que se conhece tudo sobre alguém. Pequenos detalhes do sagrado de cada um seriam então partilhados, cada qual apresentando tesouros guardados no baú de suas memórias.

2.4 Lembranças de quatro caminhos

Cada um de nós, seres humanos, possui uma bagagem única e intransferível, o que nos permite responder aos acontecimentos com nosso jeito singular de ser. A cada nova história, uma nova experiência, e a cada novo desafio, um novo aprendizado. Nada nesta vida é perdido, tudo faz parte de uma música orquestrada que reflete no Universo como um todo. Uma vírgula que mudássemos em nosso livro da vida refletiria em milhares de outros livros de outras pessoas. Bagunçaríamos todo o mundo ao nosso redor, então podemos pensar que tudo aconteceu exatamente como deveria ter acontecido.

Mas nossa mente, muitas vezes, insiste em nos perturbar com momentos imutáveis, impossíveis de serem alterados no tempo passado. Tais pensamentos nostálgicos, por vezes tristes, acabam desviando o nosso foco daquilo que ainda podemos fazer. Recordar é vida, sim, entretanto, ao recordarmos qualquer evento passado é necessária a compreensão de que não é possível alterar as páginas já escritas. Folhear o livro da vida e lembrarmos de memórias apenas nos ajudam a relembrarmos o quão guerreiros somos, o que já conquistamos, onde falhamos e o que podemos fazer diferente a partir de então.

Os nossos protagonistas, os quatro cavalheiros da Antarctica, assim como você, que está lendo estas linhas, possuem momentos incríveis, ricos em aprendizado, dignos de serem registrados. Toda vida deveria ser registrada para ser acessada quando se bem entendesse. No coração de Deus todas as histórias de todo o universo, de todas as pessoas, de todos os tempos, estão vivas, nenhuma folha de uma árvore ou mesmo um fio de cabelo de nossas cabeças passam despercebidos para Ele.

Assim, viver com amor a graça do hoje nos permite contar uma linda história no nosso amanhã e alegrar o coração do Eterno. Viver com amor não se refere apenas aos momentos bons e de intensa paz, mas, sim, mesmo em meio ao caos, encontrar forças para se levantar ainda que as pernas fraquejem. Depois desta singela reflexão, vamos agora conhecer um pouco mais das memórias desses quatro amigos.

2.5 Sempre levante a cabeça

Santino continua a conduzir o carro pela estrada. Ao seu lado, Eurides; no banco de trás, Josildo e Celso. Então Josildo começa a falar de sua vida:

— Amigos, acredito que em algum momento de nossas vidas eu já contei para vocês um pouquinho dessa história que vou contar. Hoje, ao me recordar dessa fase da minha vida, me vem à cabeça a palavra "superação", contudo, quando vivi, senti muita dor e tristeza, sentimento de fracasso. Não é uma história que conto para qualquer um. Só falo disso para pessoas muito especiais como vocês, meus amigos do coração, de longas datas. E vamos de pleonasmo! Vou, então, começar do começo! – Josildo abre seu coração e continua:

— Saí da Antarctica em junho de 1980. Embora eu gostasse da empresa e dos amigos que lá deixei, resolvi sair. Quis começar algo novo, não me identificava com o que fazia anteriormente. Foi, então, que fui trabalhar no caminhão com o meu pai. Eu o ajudava a carregar e descarregar se necessário, revezava com ele quando o sono batia. Isso ocorreu de junho até agosto do mesmo ano. Em setembro, com muito esforço, meu pai comprou um caminhão para mim. O caminhão era ano 70, com alguns probleminhas a serem resolvidos, mas conseguia fazer viagens, e isso que era importante naquele momento. A gente sempre viajava junto, cada um no seu caminhão, numa espécie de pequeno comboio, assim, pude me sentir mais perto de meu pai, nos sentíamos protegendo um ao outro. Certo dia, em outubro do mesmo ano, na transportadora onde prestávamos serviço, só havia carga para um dos caminhões até Brasília. Daí meu pai falou para que eu fosse na frente e quando tivesse carga para o caminhão dele, ele iria atrás de mim e me encontraria.

— Nossa, Josildo, você encarou o desafio? Pelo que você contou, nunca havia viajado sozinho, digo, apenas no seu caminhão – comenta Santino.

— Claro, rapaz! – responde Josildo e continua: – Aqui era cabra macho! Segui viagem e ao chegar a Brasília, liguei para a transportadora para saber se meu pai havia conseguido carga, mas ainda não havia nenhuma para ele; naquele período estava em crise de cargas. Daí eu disse ao meu pai que iria, então, carregar o caminhão para Minas Gerais até a Companhia Itaunense de aço e ele deixou. Vim para Minas, trouxe a carga para a empresa, contudo, eles não tinham carga de volta. Foi daí que me indicaram uma cidade próxima, chamada Pitangui, disseram que lá teria carga de pedra branca para fazer gesso. Cheguei à noite, dormi num posto de gasolina, onde tinha o escritório da mineradora. De manhã, um rapaz da empresa chamado Francisco me atendeu e me mandou com um rapaz até a pedreira para carregar o caminhão.

— Cara, você está parecendo aquele personagem da Praça é Nossa, o Explicadinho, contando tudo nos míííínimos detalhes (risos), mas está bem interessante, quero saber a continuação – fala Eurides.

— Pior que é verdade (risos), mas é para vocês entenderem o sentido da história! – explica Josildo e continua: – Então, nessa pedreira eles jogavam as pedras brancas em cima do caminhão, mas não pesavam ali no mesmo lugar, o caminhoneiro tinha que ir com o peso que fosse até a cidade de Pitangui, onde pesavam; se tivesse peso maior, retiravam o excesso; e se tivesse peso menor, completavam. Na hora da ida já começou o perrengue. Numa estradinha de terra, bati de frente com um Fiat 147 bege, mas ao afastar-se para verificar os estragos, nada havia acontecido, tirou apenas uma lasquinha, até rimos da ocasião. Minutos depois, quando a gente estava indo para a pedreira, tinha uma subida muito forte, na estradinha de terra, numa região de sítios, com plantações de ambos os lados. E do lado esquerdo também tinha uma represa, que abastecia a cidade, e do lado direito uma cachoeira. Na hora de subir, o caminhão começou a patinar. Pensa no sufoco! Daí, o encarregado que pegou carona comigo me disse para voltar de ré e, quando subir, pegar embalo e ir a "milhão". E assim eu fiz, conseguindo subir mais de cem metros de subida íngreme. Só até essa parte já considero uma baita de uma aventura. Então, chegando lá carregamos o caminhão. Na hora de voltarmos, o encarregado da pedreira pediu que eu desse carona a quatro meninos, filhos de funcionários. Eles tinham na faixa de 10 e 11 anos. Os meninos queriam ir na carroceria, mas eu não deixei. Coloquei todos na cabine, graças a Deus! Isso foi a sorte!

— Coitado dos meninos, Jô! Eles só queriam sentir a brisa da estrada nos cabelos – fala Celso.

— Calma aí, Celsinho! – diz Josildo. – Vou lhes explicar o motivo! Na hora da volta, antes de chegar à descida, a lona de freio aqueceu demais. Eu não tinha malícia de caminhoneiro, embora, em algum momento, meu pai já tivesse me orientado a parar quando ocorresse esse aquecimento de lona, esperar e só depois descer engatado. Na verdade, até foi o que eu fiz, porém, eu devia ter ficado uns quarenta minutos esperando, e fiquei apenas cinco, pois achei que era o suficiente. Desci engatado em segunda ou terceira, mas chegou o momento em que não segurava mais nada. O caminhão "despinguelou" morro abaixo, sem freio. Desengatei o câmbio para não estourar e deixei. O caminhão foi embalando cada vez mais. Em determinado momento, a estradinha fazia uma curva sinuosa, então, joguei para esquerda, que era o lado da cachoeira, contudo, quando estávamos quase caindo nela, para desviar dessa queda, enrolei o volante para a direita e o caminhão foi deitando e afundando na represa. Quando o caminhão tocou o fundo, tombou, ficando com as rodas para cima. Todos nós afundamos, mas devido à inclinação do terreno, parte do assoalho do passageiro ficou fora d'água e eu fui parar ali, extremamente preocupado com os meninos. Respirei e mergulhei de novo na tentativa de encontrá-los. Vi que os meninos haviam escapado pela janela da porta do motorista, pois os vidros estavam abertos. Apenas dois deles ficaram me esperando, sentados numa pedra na beira da lagoa. Os outros dois meninos, que haviam conseguido sair primeiro, assim que me viram sair da lagoa, correram assustados em direção à pedreira. Os dois que tinham me esperado ficaram comigo por um tempo. O pessoal da região veio desesperado nos socorrer. Eles foram muito solícitos conosco, mas eu estava muito triste, pois todas as minhas roupas, documentos, todo o dinheiro que havia recebido das duas viagens e tudo mais, havia ficado submerso no caminhão, no fundo da represa. Mais do que isso, gente, senti que naquela represa havia ficado algo mais do que o meu sustento. Havia ficado os meus sonhos, a minha autoestima. Me senti fracassado, senti que eu não sabia fazer nada.

— Cara, que chato tudo isso... Mas somos cheios de falhas, amigo. Em nada somos perfeitos. Só Deus é perfeito. Convivemos dia a dia com as nossas fragilidades e defeitos e a mágica disso é que a cada dia podemos lutar para sermos melhores. Não melhores que os outros, melhores que nós mesmos. Mas me diga uma coisa, além de tudo tiveram que dormir por lá, no meio da roça? Ou alguém foi buscar vocês? – diz Santino.

— Não, ainda bem que conseguimos ir para a cidade. Existiram alguns anjos solidários nessa história! – explica Josildo. – Passou por lá um caminhão de leite, por volta das 11 da manhã, que deu carona pra gente até a cidade. Chegando lá pararam no posto e os dois meninos desceram e sumiram. Daí, o Francisco, do escritório veio, me viu e voltou para dentro. Era hora do almoço. Depois ele apareceu novamente, me perguntou o que havia acontecido, fez algumas ligações, só então que me pediu para esperar que os donos da pedreira estavam indo para intervir na situação. Pouco tempo depois chegaram duas senhoras num Corcel II azul. Uma delas era Dona Dulce, uma senhora muito atenciosa e gentil, que tinha na faixa de 70 anos, e a Dona Sara, que acredito ser filha dela e devia ter na faixa dos 45 anos. Dona Dulce falou algo para Dona Sara e desceu do carro. Na sequência, a Dona Sara manobrou e saiu com o carro. Dona Dulce pediu para que eu tivesse paciência, que iam me ajudar como fosse possível. A outra mulher havia saído para pegar algumas roupas do marido para mim, uma vez que minhas roupas ainda estavam sujas com óleo diesel e sei lá mais o que.

Aproveitei, liguei para São Paulo, na casa do nosso vizinho, e pedi que ele avisasse a minha mãe. Logo em seguida, a Cida chegou lá e me retornou a ligação. E vocês acreditam que isso era num sábado, dia 10 de outubro, dia do meu aniversário? Cheguei a pensar assim: "Que presente, hein!", ironizando, devido à situação tão difícil. Mas pensando bem, foi, sim, um enorme presente, um imenso livramento. Perdi bens materiais, mas Deus me deu uma nova chance de viver. Daí, tentaram ligar para o meu pai na transportadora, mas ele já havia descarregado em Brasília, na BR100, e já estava à procura de uma nova carga. Como ele era muito conhecido na transportadora, mandaram um carro para tentar achá-lo e avisar. Quando o acharam, ele já estava com o caminhão carregado para o Rio de Janeiro. Assim que soube do ocorrido, meu pai ficou desesperado, pois eu era seu único filho. Hoje eu sei como é se preocupar com alguém que a gente ama. Ele tentou me ligar, mas não conseguiu. Ficou com muito medo de ter acontecido algo mais sério e pensou que não queriam falar para ele. Então meu pai, mesmo com a carga para o Rio, seguiu em direção a Pitangui, onde eu me encontrava, na casa daquelas doces senhoras. Minha mãe e a Cida foram de ônibus me encontrar. Inclusive, chegaram no outro dia, no domingo. Ficamos todos hospedados na Dona Sara. Ela tinha um filho, o Cleber, de 18 anos, que ainda no sábado me levou com o guincho para tentar tirar o caminhão, mas o cara do guincho quis se aproveitar da situação para lucrar. Vocês acreditam que até nesses momentos trágicos existem pessoas querendo tirar proveito? Na época eu tinha 21 anos, tinha feito naquele dia, então o Cleber achou melhor esperar meu pai para tomarmos qualquer decisão. Meu pai chegou por volta da 1 hora da madrugada, na segunda-feira. Pela manhã, ele levou outro guincho, que conseguiu tirar o caminhão da represa, e então levaram para a autorizada da Mercedes, em Divinópolis, lá em Minas. Como tínhamos deixado o meu caminhão para o conserto, levamos a carga do meu pai para o Rio e tive que voltar para São Paulo no caminhão dele.

— Então foi aí que você encerrou sua carreira de caminhoneiro? – pergunta Celso.

— Ainda não, meu caro! – responde Josildo. – Sou um tanto teimoso. Logo em seguida desse evento fizemos duas viagens para Brasília, no caminhão do meu pai. Na segunda viagem, como estavam terminando de arrumar o meu caminhão, fomos buscá-lo. Já era por volta de novembro. Gente, não foi nada fácil para arrumarmos o caminhão. Já tinha sido difícil na hora de comprarmos, lá no começo. Meu pai teve que fazer das tripas coração, pedindo dinheiro emprestado até para os amigos, e a nossa situação financeira ficou, de fato, ainda mais delicada devido a isso. Pegamos o caminhão e viemos embora. Eu vim dirigindo o caminhão do meu pai e o meu pai veio dirigindo o meu. Depois de um mês pegamos uma viagem para Salvador. Como não tinha carga para voltarmos para São Paulo, pegamos duas cargas para Recife, então aproveitamos e passamos o Natal e o Ano Novo com os familiares de Pernambuco. Logo depois, no comecinho do ano, voltamos para Salvador, onde carregamos os caminhões para São Paulo, com duas cargas baixas. Seguimos viagem de volta para São Paulo e quando estávamos chegando a Paraguaçu Paulista, paramos para comer algo e tomarmos banho, mas antes não tivéssemos parado. Já era de noite e encontramos um amigo do meu pai que estava com outro rapaz. Eles estavam carregando uma pequena mudança em seu caminhão, mas precisavam desocupá-lo, pois o amigo dele precisava do caminhão para fazer uma carga muito grande em Minas, e se seguissem para São Paulo perderiam muito tempo. Então, ele pediu para meu pai que levássemos essa pequena mudança para ele. Meu pai, com o grande coração que tinha, aceitou. Claro que o amigo pagando (risos). Eles desocuparam o caminhão do amigo, colocando a mudança no caminhão do meu pai. O amigo seguiu para Minas e o outro rapaz veio conosco. Nem conhecíamos o rapaz. Então, ele seguiu viagem no meu caminhão, com meu pai, que o deixou guiá-lo, pois ele, numa brincadeira, havia dito: "Você não é motorista", querendo dizer que ele que era um bom motorista. Depois de Paraguaçu Paulista tinha uma serra, que estávamos acostumados a descer com cautela, mas o espertão sumiu de vista, descendo a serra rasgando o chão. Quando consegui encontrá-los de novo fomos dormir um pouco e eu acabei nem comentando nada sobre o jeito maluco do moço dirigir. De manhã cedinho seguimos viagem. Eu continuava no caminhão do meu pai e eles com o meu. Após o almoço, por volta das três da tarde, papai já estava com sono e acabou dando o caminhão novamente para o moço guiar. Pouco tempo depois, numa reta, outro caminhão estava me ultrapassando a mais de 90 km por hora. Para não complicar a situação, dei espaço para ele entrar na minha frente e, assim, esse outro caminhão ficou entre os nossos caminhões. Na sequência, percebi que o caminhão que meu pai e o moço estavam seguia caindo na direção do acostamento. Já temi pela vida do meu pai. O rapaz havia dormido ao volante e quando ele tocou as duas rodas do lado direito na terra, acredito que ele tenha acordado e, no susto, virou com tudo. Como havia ao lado deles outro caminhão passando com uma carga alta, o caminhão desequilibrou, "rabiou" e bateu com tudo de frente com o da tração do rapaz do outro caminhão, quase tombando os dois caminhões. Eu estava logo atrás, poxa vida! Para mim, aquele momento foi apavorante. Eu já estava traumatizado com o primeiro acidente e agora isso. Mesmo em alta velocidade, consegui frear o caminhão a tempo. Se eu tivesse encostado um pouco que fosse, o meu caminhão, que estava com meu pai, teria tombado inevitavelmente. Mas graças a Deus, ambos conseguiram se estabilizar para não tombarem, entretanto, tudo o que havíamos arrumado no primeiro acidente se perdeu novamente. Conseguimos, enfim, chegar a São Paulo com o caminhão todo torto. Meu pai não sabia mais o que fazer. Havia perdido o chão, já não tínhamos de onde tirar dinheiro para arrumar de novo. Eu estava muito fragilizado, precisava provar para mim mesmo que eu conseguia fazer algo, que eu não era um fracasso. Reuni forças e pedi a meu pai para usar o caminhão dele para fazer algumas viagens. Ainda consegui fazer mais duas viagens sozinho para Salvador com o caminhão carregado. Acredito que meu pai permitiu que eu fosse apenas para me mostrar que ainda confiava em mim. Ele tinha muitos defeitos, mas sempre será um herói para mim. Nesse período, ele conseguiu vender o caminhão batido do jeito que estava, ao menos para diminuir o prejuízo. Depois disso, aí sim, a minha carreira de caminhoneiro estava encerrada. Novamente, tive que reconhecer que precisava mudar de caminho, e não é fácil mudar. Como a Cida trabalhava numa empresa de representação de arroz, me deram três amostras sem orientação nenhuma. A ideia era que eu não conseguisse nada, mas aos trancos e barrancos consegui e dei início a uma nova carreira, a de vendedor. Passei um tempo vendendo alimentos como feijão e arroz, depois mudei o ramo das vendas, inclusive para cosméticos. Graças ao bom Deus consegui dar uma vida digna para minha esposa e aos meus filhos. Minha trajetória não foi fácil, mas posso dizer que tenho orgulho de ser quem eu sou. Não por me sentir mais do que qualquer pessoa, mas porque pude passar por cima das minhas decepções e frustrações e seguir a minha jornada. Aprendi uma frase para minha vida: "Quando o mundo te faz curvar aos seus medos, sempre levante a cabeça, pois por mais pequenos que sejamos, quando se tem um foco, um sentido, conseguimos ir além".

— Nossa, Josildo! Que história, cara! Só essa história já daria um livro. Imagina: "A saga de um caminhoneiro". Graças a Deus você conseguiu fazer suas escolhas ao longo do tempo e conquistou suas coisas. Não se prostrou perante seus problemas. Isso que é o mais importante. Quando cair se levante. Sabemos que não é nada fácil matar um leão por dia e transpor vários obstáculos. Se ficarmos olhando apenas para os problemas não aguentamos. Precisamos olhar para o que está a nossa frente, o que ainda pode ser feito, e você fez assim, amigo. Uma porta se fechou e outras se abriram – diz Eurides.

2.6 Vida pós-Antarctica

— Bom, galera, vamos lá! Após essa linda história de superação do nosso amigo, vamos também tentar contar um pouquinho da nossa trajetória da Antarctica até aqui. O que acham? – propõe Santino. – Vou começar. Deixe-me pensar... Bem, sobre minha vida profissional, na verdade, meu primeiro registro foi na Indústria de Barracas Ferpi, em 15 de janeiro de 1977, onde eu fui office boy externo. Conheci muitas ruas de São Paulo na época. Fiquei por volta de seis meses nessa empresa, enquanto aguardava a Antarctica me chamar, pois meu pai havia pedido uma vaga de emprego para um amigo da portaria da Antarctica, o Chico. Saí da Ferpi em 17 de junho de 1977, quando, enfim, fui chamado para iniciar o processo de admissão, entrando, de fato, na Antarctica, em 05 de julho de 1977, onde nós nos conhecemos. Quando iniciei na Antarctica, na verdade, eu queria ser engenheiro eletrônico, e iniciei o colégio técnico em Eletrônica, no Colégio Técnico São Judas Tadeu, na Mooca. Infelizmente, não fui bem no meu intento, pois trabalhava como picão no Departamento de Contabilidade Geral da Antarctica, tinha uma rotina muito intensa e, assim, não consegui um bom desempenho no curso. Também não posso negar que tive um ano de péssimo comportamento, pois eu ficava a maior parte do tempo na sala de jogos do colégio do que em aula. Foi uma fase de rebeldia, e quando meus chefes da contabilidade, Sr. Domingos Cainé e Francisco Robles Segarra, souberam que eu estava cursando Eletrônica e que eu havia praticamente perdido o ano, me deram um xeque-mate: "Ou começava a estudar contabilidade ou eu seria devolvido ao setor de portaria", pois para ficar na contabilidade eu necessariamente teria que iniciar os estudos em contabilidade, e assim aconteceu, mesmo não sendo meu sonho de criança. Na verdade, eu estava mais preocupado em manter meu emprego, pois era eu quem pagava meus estudos. Meus pais não tinham condições financeiras de suportar nossos estudos. Éramos em cinco irmãos, meu pai era operário da Antarctica, trabalhava no setor de chopes, no quinto andar do prédio da fábrica, Avenida Presidente Wilson na Mooca, e não tinha como pagar os estudos para os filhos. Minha mãe, sempre com muitos afazeres, cuidava da molecada, então me rendi às pressões e iniciei minha carreira na contabilidade, o que, aliás, deu muito certo. Cursei o colégio técnico em contabilidade e, em seguida, cursei a Faculdade em Ciências Contábeis, ambos na instituição São Judas Tadeu, na Mooca.

— Puxa vida, que interessante Santino! – exclama Celso. – Nem me lembrava desse seu desejo de ser da área de eletrônica. Mas ainda bem que as coisas foram se encaminhando e você foi se descobrindo. Você amava mesmo aquela empresa. Mudou até seu projeto de vida para atender à demanda dela. Até quando você ficou na Antarctica?

— Bom, saí de lá em 14 de julho de 1991, devido àquela situação de "entra, não entra" em uma nova empresa denominada Multitel – explica Santino. – Por fim, acabei não entrando na referida empresa, e ainda fui dispensado da Antarctica. Mas não me entreguei ao desânimo, não! Com garra e coragem me aventurei no universo autônomo. Montei um escritório na Avenida Barão de Mauá, n.2242, sala 08, esquina com a Avenida Itapark. Com o crescimento dos negócios aluguei nova sala, a de n.17, uma sala em frente ao de n.08. Me lembro como hoje. Não foi nada fácil, pois quando você trabalha em regime CLT você tem seu salário garantido. Já como autônomo, varia muito. Alguns meses eram bons, outros não. Imagina só, pai de dois filhos, viver na instabilidade, sem saber se vai ter o que dar aos filhos e à esposa no final do mês? Tive que seguir em frente e lutar, acreditando que algo bom eu iria alcançar. E assim fui tocando a vida, como contador autônomo.

— Pois é, Santino, nossos caminhos pós-Antarctica são meio parecidos. Quando eu saí da Antarctica, que no caso foi antes de você, Santino, eu já tinha meu escritório de contabilidade, juntamente a outro amigo nosso da Antarctica, o Renê, lembram? Depois de um tempo, cerca de um ou dois anos, um camarada chamado Santino Oliva entrou na sociedade. Conhecem ele? Acho que ele se esqueceu dessa parte (risos)! Nosso escritório era na Avenida Paes de Barros, na Mooca, mas logo que o Santino entrou, o Renê saiu da sociedade e ficamos só nós dois mesmos. Em seguida, mudamos para o centro de Mauá, pertinho da estação de trem, no piso superior da assistência técnica da Arno, cuja proprietária era a Emília, irmã de Santino.

— Claro que me lembro, Celsinho! – afirma Santino. – É que comecei dos eventos pós- Antarctica, mas, realmente foi uma parte muito importante para o começo da minha vida como contador, me permitiu ampliar a minha experiência teórica na prática.

— Cara, foi muito engraçado! Depois de alguns meses nos mudamos para um cômodo em cima de sua casa Santino, lá no Jardim Bandeirantes. Gente, imagina que o lugar ainda estava em construção. Era bem simples mesmo. Para vocês terem uma ideia, as paredes não tinham nem reboco e a energia era um "gato" puxado da sua casa, Santino. Então, compramos bastante papel pardo de embrulho e pregamos nas paredes para aparentar um ambiente mais formal, mas acho que não deu tão certo assim, ficou bem estranho...

— Puxa, Celsinho! Me lembro demais, cara! Não tínhamos dinheiro para investir numa boa reforma. Ainda tínhamos poucos clientes. Tivemos que nos virar com aqueles papéis pardos, numa tentativa de que se alguém fosse lá presencialmente e achasse que fosse papel de parede, imaginem só! – recorda Santino.

— Pois é, Santino! Só aventuras. Nesse início não foi tão fácil quanto pensam! – comenta Celso. – E olhem só, pessoal, mantivemos a sociedade por vários anos, até que no início de 1991 rompemos a sociedade, mas sem problemas com nossa amizade. Podemos nos lembrar daquele lema: "Amigos, amigos, negócios à parte". Às vezes, as pessoas se dão super bem como amigos, mas não necessariamente como sócios, tanto que ele e a Andreia são padrinhos da Carolina, minha filha. Após a separação da sociedade montei um novo escritório em Santo André.

— Celsinho, isso que você falou tem tudo a ver: "Amigos, amigos, negócios à parte". Te considero muito, amigo, independentemente de qualquer coisa. Depois, cada um tocou os seus negócios e seguimos nossas vidas. Outra experiência de sociedade que precisamos muito relembrar é o XARESA. Não vamos nos esquecer! Super interessante! – fala Santino.

— O XARESA... Nossa! Quantas lembranças! – exclama Eurides com saudosismo. – Precisamos mesmo lembrar. Naquele lugar nós quatro temos grandes lembranças. Vamos deixar essa para quando estivermos lá na chácara. Mas Celsinho, se lembre aí! Eu também tive uma participação contigo na vida profissional. Após a minha saída da Antarctica fiquei um bom tempo na Multitel, que também prestava serviço para a própria Antarctica, e antes de montar o meu próprio escritório fiquei um tempo com você, se lembra?

— Claro, Eurides! – afirma Celso. – Depois de alguns anos, quando você tinha acabado de sair da empresa Multitel, foi trabalhar comigo no meu escritório, coisa que durou pouquíssimo tempo, pois logo em seguida você comprou o Contábil Alfa. Mesmo assim, fiquei muito feliz por você! Embora o seu escritório seja bem pertinho do meu, não te vejo como um concorrente, mas como alguém que me fortalece. Assim, ficamos com três escritórios, cada qual com o seu. O único que fugiu à regra foi o Jô, que veredou por outros caminhos.

— Poxa, bacana ouvir isso de você, amigo! – fala Eurides com gratidão. – Saber que você não me vê como concorrente, mas como aliado, como alguém que caminha junto em espaço separado, isso é bem maduro de nossa parte, pois é recíproco, também penso igual.

— Que bonitinho, pessoal! Momento romântico dentro do carro! – Brinca Santino. – Bem, como estamos nesse clima... Sobre minha vida pessoal existem muitas coisas que gostaria de contar, mas vou tentar, aqui, ser o mais breve que conseguir... Sempre fui um cara romântico, não querendo ser convencido, mas esse lance entre homem e mulher acho incrível. Me casei pela primeira vez em 1984, com a Denise. Embora hoje não estejamos juntos, sou muito grato a Deus e a ela pelos dois tesouros que tenho. Tivemos dois filhos maravilhosos, o Rodrigo, que nasceu 30 de novembro de 1987, e o meu caçula, Victor, nascido em 29 de janeiro 1991. Vocês os conhecem, sabem o quanto são especiais. Olhar para aqueles dois rostinhos e saber que fazem parte de mim é um presente incrível, incomparável. Hoje, quando olho para eles, vejo o quanto valeu a pena tanta luta. São homens honrados, pessoas admiráveis.

— Sobre minha vida afetiva também tive muitas reviravoltas! – conta Celso. – Me separei da minha primeira esposa, a Rose, com a qual tive uma filha linda, a Vanessa, que nasceu em 13 de novembro de 1990, e hoje mora na Austrália. Foi quando, em seguida, o Santino também se separou e acabou indo morar comigo, no meu apartamento, em São Caetano. Nessa época já tínhamos nossas namoradas, que vieram a se tornar nossas esposas até hoje. A minha se chama Viviane. Ela também está na segunda união dela e já tinha uma filha chamada Carolina, que nasceu pertinho da minha, também em novembro de 1990, porém, no dia 03. As duas se dão muito bem, desde pequenas se tratam como irmãs. Até os aniversários dava certo de comemorarem juntas. Agora não devido à distância, mas elas mantêm uma boa amizade. Vocês acreditam que também tenho um grande carinho pela filha da minha esposa? Tenho-a como filha também, bem como minha esposa sempre tratou bem a minha filha. Acho isso muito importante. Inclusive, a Carol nos deu um lindo netinho em 2017, o Pietro Rodrigo, uma graça de menino, tenho um grande amor por ele. Daí, continuando com os filhos, para fechar com chave de ouro a nossa fábrica e selar ainda mais nossa união, tivemos nosso filho Gabriel, um anjo em nossas vidas. Ele nasceu em 28 de maio de 1996. Posso dizer que sou muito abençoado com esses frutos que Deus colocou em minhas mãos para cuidar e zelar. Minha família anterior, sogros e cunhados, sempre estiveram presentes em minha vida, em todos os aniversários das meninas. Minha ex é uma pessoa especial e até hoje nos relacionamos muito bem. Não é porque não deu certa nossa união que vou falar mal dela. Sempre digo a todos o quanto ela é uma excelente mãe.

— Meninos... Foi daí, então, que vocês tiveram que dormir de conchinha, pois era um apartamento tão pequeno que tinham que dividir um colchão de solteiro? – Brinca Eurides.

— Para com isso, Eurides! Deixa essa história para lá! – reponde Celso, em tom de brincadeira. – Não é para ficar espalhando esse segredo por aí.

— Não, gente, eu era um rapaz sério! – responde Santino, e continua: – Eu tinha acabado de encontrar uma mulher, que veio de mala e cuia para o meu coração. A Andréia... Puxa! A Andréia, na minha vida, é algo muito especial. Posso dizer que ela veio me salvar. Digo salvar porque eu poderia ter me afundado na "bandalheira", mas meu coração foi fisgado por ela. A Andréia trabalhava perto do meu escritório, daí, logo em seguida, ela veio trabalhar no meu escritório. Foi, então, que nos relacionamos e no ano de 2000 nos casamos. Parece que quando uma coisa tem que acontecer, acontece. Em 09 de março de 2020 completamos 20 anos de casados, e como vocês sabem, não tivemos filhos dessa união. Contudo, ela abraçou os meus filhos com muito carinho e amor, me ajudou, me acolheu, e hoje estamos aí. E eu muito feliz por tê-la em minha vida. Não considero as minhas histórias amorosas anteriores como erradas, muito pelo contrário. Todas as pessoas que passaram pela minha vida foram muito especiais, mas nem sempre as ideias seguem o mesmo fluxo. Às vezes, duas pessoas boas se encontram numa estrada, uma quer ir para o Sul e a outra para o Norte. Não é que uma delas seja ruim, mas talvez não tenham conseguido chegar a um consenso em seus sonhos e tiveram que acabar escolhendo seguir distantes pela estrada. Aprendi muitas coisas ao longo da minha vida e acredito que, hoje, posso ser um marido muito melhor para essa princesa que caminha comigo.

— Vocês falando de coisas do coração e eu aqui me lembrando de que sempre fui um galanteador. Também achava fantástica essa coisa de flertar, sentir "borboletas na barriga" –lembra-se Eurides com nostalgia. – Vocês se recordam que namorei uma moça dos meus 14 anos aos 21 anos? O nome dela era Neide. Foi alguém que conseguiu me segurar por um bom tempo, meu primeiro namoro sério. Mas como o Santino disse, quando as coisas têm que acontecer, acontecem. Vocês acreditam que após um namoro tão longo quanto eu tive com a Neide, apareceu a Sandra, que roubou meu coração e em 9 meses nos casamos? Nove meses depois de terminar esse namoro, conheci essa pessoa tão especial na minha vida, que hoje é a mãe dos meus filhos e está comigo há 37 anos. Daí vocês conseguem ver o cara sério que sou, né? Tive apenas duas namoradas sérias. Lógico que não consigo contar nos dedos as não sérias, mas vocês podem ver que na maior parte da minha adolescência até hoje estive acompanhado. O coração é algo de grande valor para os seres humanos. Precisa ser cuidado, só dá para deixar entrar quem, de fato, for especial. E desse encontro que a vida me proporcionou com a Sandra tivemos duas bênçãos maravilhosas: a Rafaela, que hoje tem 37 anos, e o Diego, com 34. A Rafa nos deu o Joaquim, de 1 ano e três meses, nosso netinho, que veio trazer ainda mais luz a nossa família.

— Eita, que o Eurides está filósofo hoje! – Brinca Josildo e complementa: – É uma linda família.

— E a sua família, Jô? – pergunta Santino, e brinca: – Você devia se chamar Josildo Coelho (risos). Quatro filhos, cara! Você e a Cida não tinham televisão em casa não?

— Olha, Santi... Até tínhamos, mas sabe como é, né? Pernambucano não brinca em serviço (risos)! – responde Josildo, em tom de brincadeira. – Em dezembro de 2020, Cida e eu faremos 39 anos de casados e, graças a Deus, é uma união que trouxe muitos frutos. Logo nos primeiros anos nasceu a Joyce, que hoje já tem 36 anos, e ela nos presenteou com o Artur, que hoje tem 10 anos, e o Mateus, com 5. Nosso segundo filho, o Leandro, tem 34 anos, já tem o Bruninho, que fez 1 ano recentemente, e sua mulher já está grávida novamente. Nosso menino Felipe tem 32 anos e é solteiro, e a nossa caçula, Mariana, que tem 29 anos, teve um relacionamento que gerou a Maria Clara, que hoje tem 10 anos. Mas vocês acreditam que nossa primeira e nossa última filha têm exatamente sete anos de diferença? Nasceram exatamente no mesmo dia! A Mariana, além de ter sido um grande presente para a Cida e para mim, também foi o presente de sete anos da Joyce. Enfim, agradeço imensamente a Deus pela minha família. Cada um, com seus defeitos e qualidades, são muito amados por mim.

— Meninos, que lindas histórias de todos vocês! Fofinhas! (risos). Você trabalhou bastante, hein Jô! Agora, saindo um pouco desse ar romântico... Me lembrei de outras coisas... Não sei se vocês se recordam, mas acreditam que nessa caminhada de experiências da vida, quase que, em 1996, me tornei um político? Na verdade, eu e mais quatro amigos fundamos o Partido Verde aqui em Mauá: Clodoaldo, Jaelson, Zago, Marques e Eu. Foi uma experiência muito bacana, muito rica em aprendizado. Pude aprender demais, em muitos sentidos, muitas reuniões, muitos discursos. Plantamos várias árvores, distribuímos sementes nos faróis etc. No mesmo ano, em 1996, tivemos alguns candidatos a vereadores em nosso núcleo, inclusive eu, mas nenhum teve sucesso. Foi um momento muito especial para mim, mas não voltaria a me envolver com isso.

— Também, do jeito que estão as coisas no Brasil e no mundo, essa não é uma área muito hospitaleira. Contudo, tenho certeza de que se você tivesse entrado nessa área teria sido um excelente vereador. E honesto, acredito! – Elogia o amigo, Josildo.

— Obrigado, meu amigo Josildo! – agradece Santino. – Se eu tivesse ganhado te colocava como meu assessor! Bom, continuando à vida profissional, até professor eu fui, a convite do meu amigo Eurides! Em 1994, comecei a dar aulas de Contabilidade Geral e Contabilidade de Custos, no colégio Dr. Clóvis Bevilácqua, até 2004. Depois, em 2004, comecei a dar aulas no colégio Barão de Mauá, também de Contabilidade, e assim foram mais dez anos, até 2014. No ano de 2013, lecionei aulas de Contabilidade Geral na Faculdade Fama, aqui em Mauá. Chique, não é mesmo? Lecionar é algo muito recompensador. Ver que muitas pessoas carregam dentro de si algumas sementinhas que um dia plantei.

— Cara, você não parava quieto mesmo, não é Santino? Só faltava você ter sido apresentador de programa, cantor ou algo assim. – Brinca Eurides.

— Percebo que sempre gostei de ser ativo. Participei da Associação de Contadores de Mauá, a Ascom, onde já fui diretor, secretário, tesoureiro e até presidente. Enquanto estive lá sempre procurei exercer o meu papel. Depois pedi minha saída. Também participei do Sindicato dos Contabilistas de Santo André. Tive uma primeira passagem por lá em 1996 ou 1997, participando da diretoria, mas não pude ser muito atuante como eles queriam, pois como me separei da Denise em 96, tive que me doar ainda mais para os meus filhos, os acompanhando em suas atividades. Coloquei como projeto de vida cuidar deles, pois sempre foram minha prioridade. Daí, quando se passaram os dois anos da gestão, pedi minha saída. Ainda como contador, quando foi criado o Sesconap (Sindicato das Empresas de Serviços Contábeis do ABC), fui chamado para ser o responsável pela pasta de cursos e palestras, pois, como era professor, tinha facilidade de encontrar profissionais para ministrar treinamentos para funcionários das empresas de contabilidade. Da segunda vez que passei pelo Sindicato dos Contabilistas de Santo André consegui fazer um trabalho muito melhor, pois meus filhos já estavam crescidos e minha estabilidade financeira estava bem melhor. Gostei tanto dessa fase no Sindicato que mesmo sem pretensão, alcancei o reconhecimento pela Câmara de Vereadores de Santo André, que todo ano elegia uma personalidade da contabilidade na cidade para homenagear. – Relembra Santino.

— Santino, mas que eu me lembre, agora você está se aventurando em outra área. Parece que você quer fazer igual o Jô e deixar o nosso time dos contadores. Como é isso? – questiona Celso.

— Boa, Celsinho! – responde Santino. – Algo muito importante de relembrar é que em 1998 me arrisquei no universo do Direito. Como percebia certa instabilidade na vida profissional, resolvi iniciar esse novo curso, o qual terminei em 2002, tirando a OAB em 2003. Estou aí, há quase 17 anos, como advogado. Fiquei nas duas atividades, como contador e advogado até 2015, então comecei fazer uma parceria com o Grupo Candinho, que já tinha alguns escritórios aqui pelo ABC. Essa parceria durou até 2018. Foram três anos, então assumiram todas as empresas que tínhamos aqui no escritório. Enfim, graças a Deus, ficamos só com a parte jurídica a partir de 2018. Estamos há quase três anos nesse ritmo. Mas nunca podemos cuspir no prato que comemos. Se um dia precisar voltar, farei com prazer, contudo, estou muito feliz como advogado.

E, assim, os quatro cavalheiros da Antarctica continuaram a sua jornada pela estrada rumo ao interior.

CAPÍTULO III
PERDIDOS NA NOITE

3.1 Desafios da escuridão

Ah, o pôr do sol... Para alguns, um momento romântico de beleza ímpar é observar o Astro-Rei ao longe, escondendo-se por trás dos montes. Existem pessoas que possuem o dom de enxergar o lado belo da vida, de contemplar a natureza e seus fenômenos, distinguindo cada coisa como parte de um contínuo equilíbrio. Entretanto, para outras pessoas, o pôr do sol representa o começo da escuridão, quando a luz se esconde e começam os tropeços na caminhada, quando o medo aumenta e a qualquer instante algo inesperado pode acontecer. A escuridão da noite é o desconhecido, não se consegue saber claramente o que se tem logo à frente; nem mesmo um palmo é previsível, o pânico e a angústia podem ser sentidos nessa perspectiva.

Admirar e compreender a noite é tão necessário e importante quanto compreender o dia. Compreender que a luz do Sol se faz ausente apenas por um tempo, que no dia seguinte, o mesmo Sol que se escondeu despontará no horizonte com sua luz revigorante. Tudo isso é graça, é dádiva do Universo. Saber que a noite nos permite um sono mais agradável e tranquilo, que as festas ao redor de uma fogueira também podem ser alegres, que o farol natural da Terra está logo acima de nós por muitas noites, inspirando poetas a escreverem as mais lindas poesias e canções, tudo isso é graça.

E a viagem continuava de vento em poupa, com memórias inspiradoras, lembranças das mais diversas situações. Algumas provocavam lágrimas e, outras, sorrisos, como todo e qualquer grupo de seres humanos, mas únicos em todo o infinito. A estrada até então estava tranquila, sem nenhuma intercorrência. Eles achavam que seria assim até a chegada ao destino esperado.

Lógico que devemos sempre pensar no melhor, com pensamento positivo, mas otimismo realista e pés no chão, contudo, existe uma virtude no ser humano chamada "resiliência", que também deve estar sempre presente em nós. Mas nem sempre as coisas acontecem exatamente como a gente espera que aconteçam. Muitas vezes, a vida nos cerca de noites, de momentos inesperados e imprevisíveis, que podem ser vividos com desespero ou com flexibilidade, resiliência e adaptabilidade. Assim, a resiliência nos mostra a capacidade de nos levantarmos, reerguermos as nossas cabeças, mesmo mediante de momentos em que nossas forças são testadas, que sofremos intensa pressão do ambiente externo.

Ao passar pela Rodovia Raposo Tavares, adentrando na estrada de Ipanema e suas ramificações, eles se viram perdidos, e o sinal de GPS começou a não funcionar no local. Ao que parecia, eles haviam entrado numa trilha desconhecida inclusive para o anfitrião, Eurides. Já haviam adentrado um bom caminho da avenida principal e quanto mais seguiam pelo caminho no qual estavam, mais perdidos se sentiam, mais escuros e sinistros eram os lugares, árvores cada vez mais espessas, mata cada vez mais fechada e escura. A essa altura, Santino, que estava ao volante, encontrava-se muito tenso e irritado com a situação. Sentia-se impotente, sem saber o que fazer. Então, fala ao seu amigo Eurides:

— Cara, pelo amor... Diga pra gente que você sabe onde estamos, que você só está de brincadeira conosco.

— Santino, meu caro... – responde Eurides com olhar preocupado. – Infelizmente, não faço a mínima ideia de onde estamos. Passo por essas rodovias há muitos anos e nunca errei o caminho. Nunca passei por esta estrada aqui. Acho que acabei me distraindo e entrei em alguma entrada errada. O pior de tudo é que está tudo muito escuro aqui e parece que não há civilização em uma boa distância! Acredito que o melhor a fazermos é retornar e tentarmos chegar novamente às vias principais.

— Como farei isso, cara? – questiona Santino, manifestando tensão na voz. – Essa estradinha é muito estreita, quase não se pode passar com o carro por aqui. Como farei um balão para retornar? Só se voltar de ré.

— Gente, de fato, aqui é muito estreito para fazer esse retorno. Mesmo já tendo avançado muito dentro dessa mata, temos que tentar seguir adiante para ver se encontramos um espaço maior para fazermos a volta e retornarmos à pista principal – fala Celso.

Santino escuta o conselho de seu amigo Celso e segue caminho em busca de um espaço melhor para fazer o retorno. A estreita e assustadora estrada estava em péssimas condições de solo para tráfego de carros. Mesmo reduzindo a velocidade o carro trepidava e nem todos os buracos conseguiam ser percebidos mediante a baixíssima luminosidade. Por vezes, o carro parecia atolar; outras vezes, parecia passar por uma grande lombada. Eram notáveis no rosto de todos o medo e a apreensão em cada trecho. O escuro e a neblina tornavam ainda mais difícil manter-se a calma. As mãos de Santino suavam sem parar, seu coração estava acelerado e ele sentia um frio na barriga que há tempos não sentia. Eurides também estava amedrontado e era perceptível a vergonha estampada em seu rosto, uma vez que todos confiavam em seus conhecimentos para chegar à chácara. Celso, calado, não queria falar mais nada para não piorar a situação e deixar os demais ainda mais nervosos. Até que, em dado momento, Josildo, que olhava pensativo e preocupado para todos os lados possíveis na tentativa de enxergar alguma coisa para ajudar, exclama:

— Santino, olha só! Presta atenção naquela clareira ali na frente, à direita. Parece ser um lugar um pouquinho mais amplo para fazermos o retorno.

Nisso já haviam se passado muitos minutos procurando um lugar para retornarem e estavam bastante longe. Mas assim foi feito: eles seguiram em direção à clareira à direita, onde havia um espaço um pouco mais largo para fazerem a manobra. O terreno era pedregoso e quando, enfim, conseguiram fazer o retorno, escutaram um estrondo. O pneu dianteiro do lado direito havia estourado, pois já estava desgastado pelo caminho cheio de buracos e obstáculos. Nesse momento, alguns palavrões puderam ser escutados, juntamente a súplicas pedindo proteção divina. Santino olha para o lado de Eurides, olha para o retrovisor, observando Celso e Josildo, e diz:

— Poxa vida, gente! Há muito tempo a gente não sai todos juntos, e justo quando resolvemos sair e dá certo com nossas agendas, acontece uma coisa dessas?! Pessoal, impossível seguir por essa estrada que passamos, do jeito que está, com o pneu furado – diz Santino.

— Tem razão, Santino! Não tem como. Capaz de terminar de arrebentar a suspensão, além de estourar os demais pneus – Concorda Josildo.

— Mas o que faremos, gente? Vamos ter que ficar aqui até o amanhecer? As comidas que temos no porta-malas são todas para fazer, temos pouquíssima água, baterias dos celulares praticamente descarregadas. Terrível! – reclama Celso, indignado.

— Calma, gente. Sei que a situação parece crítica, mas não temos muito que fazer. O ideal é afastar-se do carro e procurarmos ajuda – fala Eurides.

— Que ajuda, criatura? – indaga Celso e, em seguida, ironiza: – Ajuda dos esquilos, cobras, onças, ou dos alienígenas que dizem ter neste lugar? Não tem ninguém por aqui a vários quilômetros. Estamos perdidos, sem comunicação, muito longe da civilização. Estamos... Bom, não vou nem falar nada.

— Nesse momento não adianta a gente entrar em pânico. Quantas vezes nós já passamos por dificuldades na vida e superamos. Ao longo desses anos aprendi que quanto mais preocupado eu fico, quanto mais pensamentos negativos, mais as coisas ruins acontecem. A gente precisa se acalmar para conseguirmos pensar em algo. O fato é isso, tudo que o Celso falou: estamos sem comunicação, longe da civilização, com o carro comprometido, mas nós viemos aqui para curtirmos e não para discutirmos. Que tal fazermos assim: vamos juntar uns gravetos, fazer uma fogueira bacana, pegar uma vasilha de carne e fazer um churrasquinho? Abrirmos um refrigerante e aproveitamos e contamos algumas histórias de superação, ou de perrengues, para distrair. – Lança a proposta Eurides.

— Cara, mas quanto mais o tempo passa, mais tarde fica, mais difícil será qualquer ajuda! – diz Celso.

— Eu achei ótima sua ideia, Eurides! – fala Santino e complementa: – Não temos o que fazer agora. Viemos aqui para curtir, não importa se estaremos na chácara ou aqui. Estamos juntos e é isso que importa. Agora, o que podemos fazer é isso: uma fogueira para nos esquentarmos e prepararmos algo, contarmos história, até pensarmos em algo, conseguirmos alguma ajuda ou mesmo até amanhecer o dia.

— Gente, a ideia não é de todo mal, mas o que o Celsinho falou tem sentido. Quanto mais tarde fica, mais difícil para encontrarmos alguma ajuda. Mas se vocês acham que dá certo ficarmos aqui, por mim ok, tranquilo. Já fizemos coisas parecidas antigamente. – Relembra Josildo.

— Está certo, pessoal! Não vou ser eu o chato da turma – Concorda Celso, mas complementa: – Contudo, penso assim: vamos arrumar essa fogueira, colocar algo para assar, comer e beber alguma coisa e, logo em seguida, vamos tentar, ao menos dois de nós, sair nas imediações em busca de ajuda, enquanto os outros dois esperam aqui para guardar o carro e marcar o local. O que acham?

— De acordo, Celsinho! Podemos tentar assim então – diz Eurides, e pede opinião aos demais: – Todos topam? Pode ser assim?

— Por mim pode ser! Vamos apenas nos instalar aqui e logo dois de nós faz uma ronda – responde Santino.

— Fechado! Então estamos todos combinados? Maravilha! "Bora" agilizar?

Encarando o problema como solução, Josildo, Santino, Celso e Eurides começam a se preparar para se instalarem no meio da mata, numa pequena clareira, ao som dos grilos e corujas. Mais ao longe era possível escutar o som de uma nascente, enfim, algo totalmente inesperado, mas que podia amenizar ao menos por um momento a tensão provocada pela situação. Gravetos separados, eles ateiam fogo nas palhas, que logo se espalham pelos gravetos, até inflamarem também as madeiras maiores. O fogo estava preparado. Eles colocam alguns pedaços de carne e linguiça em espetos de ferro para churrasco, aproximam do fogo e, assim, o churrasco, no meio do nada, começa a acontecer.

3.2 Garanhões trapalhões de santos

Enquanto as coisas iam sendo preparadas, Eurides começa a puxar uma reflexão ao se lembrar de uma história:

— Pessoal, estava aqui pensando... Nos anos 70 e 80, quando a gente ainda era solteiro, ou mesmo novos de casamento, não tínhamos praticamente nenhuma tecnologia. Isso que a gente vive hoje em dia, de redes sociais, comunicação imediata com pessoas do outro lado do mundo, era algo que nunca imaginaríamos que fosse existir. – Reflete Eurides.

— Isso é verdade! – Concorda Josildo. – Me lembro de que quando mandávamos alguma carta para o Pernambuco, demorava quase quinze dias para termos algum retorno. Porque tinha o tempo para o correio levar daqui para lá, daí quando chegava lá o pessoal tinha que ter tempo para ler e escrever a carta de resposta. Isso já ia mais alguns dias. E depois, ainda, tinha o tempo da carta vindo de lá para cá. Bom, isso para ter uma resposta de uma carta de uma ou duas folhas escritas à mão.

— Hoje, a gente consegue mandar várias mensagens, que são respondidas em questão de segundos, não só para outros estados do Brasil, como para todo o mundo. Até o Santino consegue bater um bom papo com os italianinhos, parentes dele, que estão do outro lado do mundo, e ainda ver a foto da macarronada do almoço em tempo real. – Brinca Celso.

— Nisso você tem razão, Celsinho! – responde Santino. – E não é só isso gente. Antes, para falar entre pessoas aqui mesmo dentro do estado, era uma grande dificuldade, nem todo mundo tinha telefone fixo. As pessoas tinham que usar o "orelhão" mais próximo, gastavam--se muitas fichas para se falar poucos minutos. Para outros estados gastavam-se ainda mais fichas, e para outros países então, nem sei se dava certo ligar por "orelhão", tinha que se ligar do fixo, e era um valor absurdo. Poucas pessoas tinham condição de realizar chamadas internacionais. Hoje em dia, se eu quiser, passo muito tempo conversando por áudio, ou é possível até mesmo realizar chamadas de vídeo por horas com minha família da Itália.

— É, gente, o mundo mudou! – exclama Eurides. – Algumas coisas para melhor, outras nem tanto assim. Até mesmo por essa dificuldade de se comunicar à distância, as pessoas davam muito mais valor para o contato com as pessoas ao redor, familiares e amigos. Inventávamos tantas brincadeiras diferentes para passar o tempo, líamos mais livros, conversávamos mais com quem estava por perto.

— Sem contar a escrita, Eurides! – comenta Celso com ênfase. Nas escolas escrevíamos bastante e fora dela também, digo, quem teve acesso à alfabetização. Hoje temos muitas crianças e adolescentes que são considerados alfabetizados que mal sabem escrever o nome completo manualmente, embora com cinco anos já estejam feras nos celulares e computadores.

AMIGOS E O TEMPO

— É, pessoal... Essa reflexão sobre os tempos modernos e a tecnologia nos custaria horas. Muita coisa mudou da nossa época. Algumas, confesso, que até gostei, mas de modo algum sinto por ter nascido na época em que nasci. Acho que nos aventurávamos bem mais que os jovens de hoje. – Reflete Josildo.

— É justamente isso que eu queria trazer agora, Jô! – fala Eurides, aproveitando a fala do Josildo. – Na nossa época, tenho a impressão, valorizávamos muito as experiências imediatas que tínhamos. Me recordo que mesmo sem as redes sociais, vira e mexe combinávamos passeios, como para Santos, e dava super certo. Bom, algumas vezes não davam tão certo assim, mas eram muito engraçados.

Eurides continua contando uma história:

— Lembram de uma vez que fomos para Santos fazer um bate e volta e acabamos até dormindo por lá mesmo. Éramos muito loucos, gente. Tinha vezes que nem barraca levávamos, dormíamos pela própria orla. Encontrávamos um canto tranquilo e dormíamos. Dessa vez a que estou me referindo, o Celsinho não estava. Ele era mais Caxias, mais certinho, nem sempre fazia essas loucuras. Chegávamos à praia, aproveitávamos o sol, comíamos o que desse para comer. Obviamente, ficávamos antenados para as "oportunidades" amorosas que aparecessem, mas nesse dia específico, quando chegamos em Santos, até desejosos de conhecermos essas "oportunidades" que falei, eis que um grupo de meninos com opções diferentes da gente começaram a se engraçar para nosso lado. De modo algum somos preconceituosos, mas as oportunidades que procurávamos não eram necessariamente essas. Daí eu falei: "Santino, resolve a situação aí". E o Santino disse: "Deixa que o Josildo é especialista nesse departamento, ele resolve". O Josildo ainda passou a bola para um colega que tinha ido com a gente: "Lupércio, explica para eles que jogamos em outro time".

— Eurides, Eurides... Explica essa história direito. Você que era o "Zé Mayer" da turma, não era? Eles se encantaram pelo seu olhar sedutor (risos). – Brinca Santino. – Mas olha, gente... Pensando aqui, sempre fomos muito respeitadores com todos os tipos de pessoas, respeitando suas opções, raça, cor, religião, entre outras situações. Todos somos iguais e merecemos ser respeitados tal como somos, humanos.

— Com toda certeza, Santino! O respeito é algo importante para todas as pessoas! Cada ser é único e tem suas particularidades. Foi construído ao longo de uma vida, ninguém deve ser medido pela forma do outro ver o mundo – Complementa Josildo.

Concordo com cada palavra, meninos, sem tirar e nem por! – diz Eurides. – Bom, mas continuando a nossa saga nesse passeio para Santos... Após essa parte que contei, continuamos aproveitando o dia. Na época a praia era bem limpinha, a água verdinha, o pessoal respeitava um pouco mais, a orla da praia dava gosto de andar. Nossos cabelos esvoaçantes, típicos dos anos 80, em meio à brisa do mar, e nossos corpos musculosos capazes de levantar com as duas mãos no máximo um engradado de cervejas. Claro que não podíamos passar por esse momento sem flertarmos com um grupo de meninas sozinhas que estavam na praia. Acho que elas, na verdade, devem ter se encantado pelo nosso jeito alegre de aproveitar o momento, nossas brincadeiras e tal. Elas não paravam de olhar e nós não deixamos por menos. Assim que elas se aproximaram, obviamente com a intenção de nos conhecer, também nos aproximamos, e foi, então, que elas perguntaram o nosso nome. Uma delas perguntou para mim: "Qual o seu nome". Eu disse: "Eurides". Elas olharam com um pouco de estranheza, mas até então, ok. Perguntaram para o próximo: "E o seu nome?", que respondeu: "Santino". Perguntaram para o outro: "E o seu?". Daí a resposta: "Josildo". Percebia-se na cara delas o olhar desconfiado, e quando por último perguntaram para nosso colega: "Vai, fala o seu nome", ele disse: "O meu é Lupércio". Elas olharam com olhar de indignação, achando que as estávamos fazendo de palhaças. Daí elas falaram um palavrão, que acho que nem pode ser falado nesse horário e, obviamente, foram embora resmungando.

— Cara, que culpa nós temos de termos nomes tão sofisticados? (risos) – Brinca Santino.

— Tá vendo, gente. Se eu estivesse com vocês teria salvado o passeio. Elas iriam ouvir pelo menos um nome normal no meio dos marmanjos – comenta Celso.

— Aquele dia foi engraçado. Cada coisa hein! (risos) – exclama Josildo. – Mas elas que saíram perdendo.

— Perdendo o quê, Jô?! Não tínhamos 1 conto de réis para levá-las para tomar ao menos um suco ou um sorvete (risos) – fala Santino.

— Bom, gente... Achei interessante relembrar essa passagem. Foi bem engraçado esse momento. Não só esse, como outros, em Santos. – comenta Eurides, finalizando essa história.

3.3 Viagem para Ilha Bela

Celso, então, começa a relembrar mais uma de suas histórias e pergunta aos demais amigos:

— Pessoal, vocês se lembram de uma vez que fomos para Ilha Bela? Era época de Carnaval e resolvemos ir acampar.

— Nossa, Celsinho! Claro que me lembro! – fala Eurides. – Você era um moço tão sério e conseguimos te desvirtuar... (risos).

— Não estou me recordando ao certo desse passeio, gente. Acredito que eu não estava. Quem foi dessa vez? – pergunta Josildo, confuso.

— Estávamos: Santino, Celsinho, Jordão, Gel, o holandês, que não me lembro o nome ao certo e eu. Realmente, acho que você não estava, Josildo. – Relembra Eurides.

— Cara, foi uma baita de uma aventura! – comenta Celsinho com ênfase e explica: – Me lembro de que fomos de ônibus e não tinha um que fosse direto para lá. Logo cedinho, o galo nem tinha cantado direito, e lá estávamos nós, pegando um ônibus em São Paulo com destino a São Jose dos Campos, com a tralha toda nas costas.

— Falando em tralha, parece que estávamos levando uma mudança todinha nas costas, ou melhor, nas mãos. Eram três sacos enormes, e como éramos em seis, cada um carregava um lado de um saco. Isso no trem, no metrô, no ônibus... – acrescenta Santino.

— Detalhe, gente: chegamos a São José dos Campos às nove horas da manhã e não tinha nenhum ônibus para Ilha Bela disponível. Daí, então, perguntamos qual era o primeiro ônibus para algum lugar nas imediações, disseram que só teria para São Sebastião e que sairia somente às cinco da tarde. Bom, como não tínhamos outra escolha. Compramos as passagens e tivemos que esperar até às 17 horas – conta Eurides.

— Puxa, na minha memória, primeiramente, de São José fomos para Caraguatatuba e de lá que fomos para São Sebastião. Daí, em São Sebastião, pegamos a balsa para Ilha Bela. Realmente, o ônibus só sairia no finalzinho da tarde. Como era Carnaval, muita gente teve a mesma ideia de passear e daí foi difícil conseguir passagem para o lugar correto... Tivemos que ficar quase o dia todo em São José. E assim foi. Como o que queríamos era farra mesmo, jogamos bilhar, comemos alguma coisa, ficamos um bom tempo na rodoviária... (risos) – comenta Celso, e continua: – Chegamos à noitinha em Caraguatatuba, depois em São Sebastião e, em seguida, pegamos a balsa para Ilha Bela, bem tarde da noite. Todos muito cansados e bem mal-humorados... Imagina só, após tanto vai e vem, como estaríamos?

— Bota bem mal-humorados nisso! – Reforça Eurides. – Estávamos morrendo de fome, cansados, estressados da demora, um queria fazer uma coisa, outro queria algo totalmente diferente.

— Também me recordo de que quando chegamos ao camping indicado por um colega, tivemos a triste surpresa de que estava lotado e, no desespero, sem saber o que fazer, um nativo comentou que tinha visto algumas pessoas acampando no final da praia, num lugar impróprio para o acampamento, mas como era época de feriado e não havia outras alternativas, acabamos seguindo a sugestão dele. Seguimos, então, pela orla da praia, mas como não sabíamos a distância e fomos a pé, o cansaço e o nervosismo ficaram ainda maiores. E no meio do caminho, nosso amigo Celsinho deu um show de doida varrida, esbravejando e dando "piti". Jogou as coisas no chão e disse que não ia para lugar nenhum, que ia ficar ali mesmo, mas todos nós o repreendemos, dizendo que não podíamos montar as barracas no meio da praia e que ele ficaria sozinho lá. Como nós demos continuidade à caminhada, ele acabou nos seguindo. Mesmo porque não tinha para onde ele ir ou o que fazer. – Recorda Santino.

— Celsinho, então, era o nervosão da turma? – Brinca Josildo.

— Na verdade, nós estávamos bem nervosos. – Defende o amigo, Santino.

— Gente, estávamos tão nervosos, mas tão nervosos, que acho que esse nervosismo teve seu lado positivo... – fala Eurides, pensativo.

— Cara, o que teve de positivo naquele desassossego todo? Me diga! – diz Celso.

— Então... – Continua Eurides. – Entre aquelas discussões todas de quem era o macho alfa da turma, me lembro que, inicialmente, iríamos montar as barracas na areia da orla. Entretanto, discussão vai, discussão vem, algum de nós seis latiu mais alto e disse: "Então, se é assim, vamos montar as barracas naquele barranquinho mais para cima. Será melhor!". Daí, concordando sem concordar, acabamos montando no barranquinho mesmo.

— Ah, sim... Tem razão, Eurides! – Concorda Celso ao compreender o lado positivo visto pelo amigo. – Depois que montamos as barracas, e de forma tranquila, fomos nos deitar. Como estaríamos sob as barracas, pensamos que ficaria, de fato, tudo sossegado, pois a chuva, ao cair na cobertura das barracas, escorreria pela areia e tudo bem, continuaríamos secos. O que não contávamos era que a chuva também aumentaria o volume das águas do mar, consequentemente, juntando-se à maré daquele dia. E como resultado, é lógico, molhou muita coisa. Realmente, o que nos salvou, se é que podemos dizer isso, foi o fato de termos montado as barracas naquele barranco. Outro detalhe: não tinha energia elétrica naquela noite.

— Gente! Verdade! Aquela noite foi muito atribulada. Quando as ondas e a água da maré começaram a invadir as barracas, só faltou entrar um peixe na boca de um dos meninos. – Relembra Santino. – Daí começou a correria. Imagina só para conseguir tirar todas aquelas tralhas que estavam espalhadas, armadas e, pior de tudo, molhadas. Tivemos que deixar todo nosso cansaço, todas as desavenças, de lado, e nos unirmos para não perdermos as coisas para o mar.

— Na verdade, nessas horas não adianta brigar. Quanto mais a gente discute, mais o problema demora para ser solucionado. A ideia é esfriar a cabeça e não focar nos problemas, mas na solução, no que ainda pode ser feito – diz Eurides. – Ainda bem que estávamos na parte de cima. Se estivéssemos embaixo teríamos perdido praticamente tudo.

— Lembram-se que, ao amanhecer, notamos que tínhamos armado as barracas, se não me engano, em frente a uma igrejinha? Foi tudo muito louco nessa viagem... O Eurides lavava as panelas com água do mar... Na verdade, ele que era nosso cozinheiro oficial, quase um Master Chef – comenta Celso.

— Realmente, Celsinho! – Concorda Eurides. – Master Chef com um prato só: arroz com salsicha! Arroz com salsicha todos os dias. Ah, sim! Também nesses dias comemos muitas frutas! Tudo isso porque, como não tínhamos muito dinheiro, deixamos para comer num restaurante apenas no último dia, sendo que ficamos três dias lá.

— Outra coisa interessante nessa mesma viagem foi que fizemos amizade com um cara que tinha uma Brasília. Ele até ia nos dar carona para outro ponto turístico, mas como naquela época não tinha gasolina aos domingos, ele nos fez pedir gasolina no meio da estrada, para os carros que passavam. – Relembra Celso.

— Verdade, Celsinho! – diz Eurides. – Me lembro como se fosse hoje. Ele nos levou naquela cachoeira que, inclusive, os Trapalhões gravaram um comercial das Duchas Corona. Rapaz... E a vergonha de pedir gasolina no meio da estrada! Além do medo de que ficamos, pois, poderia ter sido muito perigoso. Embora o passeio tenha sido bem legal, um lugar muito bonito, hoje, pensando naquele momento, acredito que não tenha sido uma boa troca.

— Pessoal, isso não foi só... Depois de pedirmos gasolina no meio da estrada, irmos até a cachoeira e tudo mais, não contentes com as "poucas" aventuras, pedimos carona a um caminhoneiro para irmos até a rodovia de Ilha Bela na hora de virmos embora! Viemos na boleia do caminhão, nós seis e todas as nossas tralhas. Nunca vimos o homem antes, não sabíamos quem era e nem ele sabia quem era a gente. Igualzinho ao cara da Brasília. Loucura, não é mesmo? – fala Santino.

— Muita loucura. Bota loucura nisso! E olha que essa foi minha primeira viagem com vocês, pessoal... – Recorda-se Celso, e brinca: – Eu era um cara muito certinho, bonzinho, não estava acostumado com essas coisas (risos)

— Desvirtuamos você, né, amigo? – Eurides tira sarro. – Depois você não parou mais e ficou mais terrível que a gente.

— Imagina! Que é isso! Ninguém supera vocês! – responde Celso.

3.4 Cachaça e volante, perigo constante

— Cada aventura que a gente passa nessas estradas, não é mesmo, pessoal? – Reflete Josildo. – Eu mesmo já passei inúmeras aventuras. Algumas até achei divertidas, outras foram bem complicadas. Não sei se vocês se lembram de um amigo nosso na época da Antarctica, o Silvio. Aprendi com ele que cachaça e direção não combinam. Uma vez ele levou um Chevette que eu tinha da Vila Palmares até a Parada

XV de Novembro. Você olhava para o cara, parecia que estava tudo normal, mas, na verdade, ele estava travado no álcool. Quando chegou no outro dia, fui agradecer por ele ter levado meu carro, daí ele disse: "Que carro? Quando? Onde? Eu?". Ele não lembrava de nada que havia ocorrido no dia anterior, ou seja, mesmo ele dirigindo até que bem, corri um grande risco. Não adianta gente, para ocorrer um acidente é fração de segundos. Um reflexo atrasado pode colocar vidas a perder. Várias histórias destruídas por conta do álcool misturado ao volante, muita gente boa indo embora por conta de um prazer que dura tão pouco e faz tão mal para o sujeito, para a família e até mesmo para os outros que nem se conhece.

— Bom, não vamos ser hipócritas. Às vezes, "bebemorar" com os amigos, família ou mesmo sozinho ajuda a relaxar, mas é inegável que não se deve misturar álcool e direção. – Eurides complementa a reflexão do amigo.

— Não mesmo, Eurides. Não se deve misturar. Embora comemorações sejam boas, mas devem ser com muita responsabilidade. Na nossa época tínhamos que pedir um táxi, que tinha valores muito elevados. Hoje ainda existe a facilidade de se pedir um Uber, então, quando quiser "bebemorar", deixa o carro em casa e pede um motorista de aplicativo. Além de ser chique é muito mais barato do que perder a vida – fala Celso.

— Bem, pessoal, vocês estão certos! – Concorda Eurides e adverte: – Nunca esqueçam disso, viu!? "Se forem dirigir, não bebam!". Bom, mas voltando para as nossas recordações e ainda lembrando desse nosso amigo, o Silvio, aproveitando que a gente estava falando das nossas aventuras em Santos, vocês se lembram do casamento do Ananias, que também foi lá na baixada? Fomos: Silvio, Santino, Celsinho e eu, num fusquinha azul que meu irmão emprestou, e adivinha quem estava dirigindo? O Silvio, é claro! Na época, como ele era o mais velho, foi eleito o motorista da vez. Mais velho que eu digo eram apenas três anos, mas hoje, para nós, não se nota tanto a diferença, porém, nesse episódio, como a gente tinha aproximadamente 17 anos e ele 20, era uma boa diferença, até mesmo em termos legais. Eu ainda era o menor de todos e era menor de idade, imaginem! Na hora de ir, tudo muito tranquilo, fomos na Santa Paz, prontos para aproveitarmos a festa e nos divertirmos. Chegamos ao local da festa, na baixada, mais precisamente próximo à praia de São Vicente.

Comemos, bebemos, conversamos... Olha, foi uma festa muito legal. Entretanto, lembra daquele nosso motorista? Silvião aproveitou a festa demais da conta, tomou todas e mais um pouco. A gente já conhecia os hábitos de nosso amigo, mas embora ele, no normal, dirigisse muito bem e até aguentava dirigir sob o efeito de algumas latinhas de cerveja, dessa vez foi um pouco diferente. Próximo ao final da festa, Geraldo Moranti, outro conhecido nosso, se aproximou de nossa mesa e viu o estado em que nosso amigo se encontrava e disse a ele: "Você que vai dirigindo? Desse jeito?! Basta aí! Cuidado com os meninos, viu?". Daí o Silvio respondeu: "Que é isso! Quanto mais eu bebo melhor eu dirijo". Na hora de irmos embora, sentou-se Silvio ao volante, eu me sentei ao lado, Santino e Celsinho no banco de trás. Saímos com o carro e na primeira esquina, quando foi virar o carro para entrar na próxima rua, o dito cujo subiu na calçada. Ele parou o carro e teve uma atitude até que nobre para o momento: admitiu pela primeira vez que não estava legal.

— Nossa, mas como ele era o único maior de idade, como vocês fizeram para irem embora? – pergunta Josildo com olhar de espanto.

— Cara, me lembro de tudo com você falando agora, Eurides! Jô, você nem acredita o piloto de carrinho de rolimã que foi recrutado para essa missão. – Brinca Santino.

— Não, Santino! – contrapõe Eurides. – Não foi você, não! Embora, na época, o novo recrutado fosse um pouco inexperiente, hoje se tornou um exímio motorista. Imagina só, eu, com 17 aninhos, sem carta, não conhecia a estrada e nem era tão piloto quanto hoje, vem o Silvio e fala: "Melhor você dirigir, Eurides! Vamos trocar de lugar. Eu vou ajudando". Claro que fiquei espantado com a situação, contudo, não tínhamos outra opção melhor. Então, mesmo no escuro, com neblina e uma série de empecilhos para tornar nossa volta ainda mais rica em adrenalina, eu assumi a missão. Ele se sentou ao meu lado, no banco de passageiros, com o braço para fora da janela, "trêbado", porque o nome bêbado não se encaixava mais para a situação. Nem consegui mais olhar direito para a estrada. Estávamos na via ao lado da orla da praia e quando nosso amigo se atrevia a olhar para o lado, começava a mexer com quem estivesse passando, homens ou mulheres, além de alguns palavrões que ele gritava e que nem vou mencionar aqui, tudo para "zoar" com as pessoas. Mas ele estava sem nenhuma noção do que era ridículo ou não, agiu sobre efeito do álcool. Quando pensa que não, passa um Opala do nosso lado, e ele continuava mexendo com o povo na rua. Ele gritou: "E aê, gostosa!". Não tínhamos visto que nesse Opala estava um casal. Depois, só vimos esse carro acelerar, passar a gente e dar um cavalo de pau na nossa frente. Obrigatoriamente, tivemos que parar. O homem tinha até que um bom porte. Ele desceu do carro, veio até próximo ao nosso e começou a tirar satisfação: "O que foi que você disse?! Repete agora, vai? Repete se você for homem! Vocês estão endemoniados! Tomem vergonha nessas suas caras!". Então, o Silvio, todo medroso, com voz totalmente alcoolizada, disse: "Não, eu estava falando com a garota lá da orla. Nem vi que vocês estavam no carro. Foi engano!". O homem, todo nervoso e alterado, continuou resmungando, mas acabou indo embora, para nosso alívio. Não queríamos polícia vendo que um menor de idade estava dirigindo.

— Nossa, verdade! – Recorda Santino. – Depois que o homem já estava longe, vem o Silvio com suas reflexões: "Gente! Nós estamos em quatro homens, ele era apenas um homem. Por que a gente não bateu nele?". Todos rimos do jeito que ele falou, mas, de certa forma, até que ele falou uma lógica. Mas foi melhor assim. Às vezes, quando a gente parece que está perdendo, na verdade está ganhando.

— Até o Santino filosofando agora?! – questiona Eurides com ar irônico. – E a história ainda não acabou, gente. Ainda precisávamos voltar para casa, eu não tinha noção de caminho, estávamos na baixada, eu nem dirigia direito na época, precisava da ajuda do Silvio, mas ele estava cada vez mais sem noção. Sem nem olhar para estrada, me dizia: "Põe a segunda, agora põe a terceira, agora a quarta". Isso tudo com a voz "daquele jeito". Foi quando passou ao nosso lado um Maverick, rasgando o chão. Daí o Silvião falou: "Segue aquele carro... Ele conhece o caminho" e apagou. Por fim, conseguimos voltar, mas, literalmente, essa história "ficou para a história".

À medida que as lembranças são afloradas, a tensão por estarem perdidos no meio da mata fica cada vez mais amena. Entre recordações e boas risadas percebem que boas companhias podem, sim, fazer bons lugares, ainda que esses lugares não pareçam tão hospitaleiros assim. Conta uma história antiga que, certa vez, num reino distante, um imperador queria fazer um concurso de pinturas em quadro. O campeão deveria pintar o quadro que melhor representasse o tema "Paz", e como prêmio levaria a mão de sua filha em casamento.

Centenas de camponeses e nobres participaram desse desafio, e quando os quadros estavam prontos, o rei olhou um por um. Ele observou lindos quadros, mas apenas dois lhe chamaram mais a atenção. O segundo colocado representava uma paisagem linda, com flores, montes, uma lagoa, borboletas e gaivotas encantadoras, tudo na mais perfeita harmonia, contudo, ainda não era a melhor representação sobre a paz. O primeiro lugar foi para um camponês que pintou um quadro com uma imagem totalmente caótica, montanhas rochosas pontiagudas, o céu escuro com tempestade de granizos e ondas quebrando nas rochas.

Os súditos do reino ficaram indignados ao verem a escolha do rei e o questionaram: "Onde o Senhor enxerga paz nesse quadro?". Então, o rei respondeu: "Observe que bem na fenda dessas montanhas rochosas, uma mamãe passarinho, com seus dois filhotinhos sob suas asas. E embora tudo ao redor esteja no completo caos, ela se mantém serena e tranquila porque o que o que mais importa para ela está com ela. Assim é a verdadeira representação da paz. A paz não é apenas a falta de problemas, mas, sim, mesmo quando tudo está na maior desordem em nossa vida, conseguimos encontrar alento e tranquilidade dentro de nós". Desse modo seguiam os quatro amigos, buscando encontrar a paz em meio ao caos.

— Olha, gente... Para quem teve que improvisar uma churrasqueira no meio do mato, essa carne até que está muito saborosa – comenta Josildo com a boca cheia.

— Tenho que concordar com você, Jô! Quem sabe faz acontecer até sem tantos recursos. Muito boa mesmo. Parecemos até aqueles participantes de reality show com teste de sobrevivência – comenta Santino.

— Reality show? Qual? "Largados e Pelados"? (risos). – Brinca Eurides.

— Na verdade, estava pensando em programas como Lost, No Limite, algo assim. Não me lembro ao certo, mas sei que era bem legal. Os participantes eram colocados no meio de uma selva e tinham que testar resistência física e a capacidade de sobreviver usando apenas os recursos naturais, além de terem que comer o que caçavam ou mesmo pratos exóticos que o programa oferecia. Era bem interessante – comenta Santino.

— Por falar nesses programas de sobrevivência... Pessoal, quem de nós se atreverá a ir procurar ajuda nas redondezas? – questiona Celso.

— Celsinho, vamos fazer o seguinte... Que tal contarmos mais uma história, comermos mais um pouco e depois fazermos isso? Está tão bom a gente aqui, reunidos, comendo e contando nossas histórias. Já, já vamos fazer essa ronda – propõe Eurides.

E, assim, começam a contar mais uma história.

3.5 O escolhido do Malibu

— Sabem de que também tenho saudades do tempo de Antarctica? – pergunta Eurides para os amigos.

— Bom, deixa eu pensar... Se tratando de Eurides... Por acaso seria dos meninos musculosos e suados carregando aquelas caixas de vasilhames pesadas? – responde Josildo, destilando um humor ácido.

Entre risos dos demais amigos, Eurides devolve a brincadeira.

— Rapaz, sabe que nunca reparei nesses detalhes de "suados e musculosos". Não sabia que você os tinha observado tanto. Conte-me mais sobre suas observações tão minuciosas sobre o porte físico dos garotos do trabalho.

— Eita, Josildo! Poderia ter ficado sem essa (risos). Como você vai explicar essa situação? – Celso complementa a brincadeira.

— Brincadeiras à parte, meninos, me referia a nossa turma de futebol! Éramos atletas gente, temos um "histórico" de atletas (risos). Estávamos no vigor de nossa forma física – diz Eurides.

— Se a gente fosse jogar uma partida de futebol hoje teria que ser no máximo dois tempos de cinco minutos e olha lá. E mesmo assim, já estaríamos colocando os "bofes" para fora – comenta Celso.

— Fale por você, meu amigo! – exclama Santino. – Ainda sou um exímio atleta, quase um papa-léguas de Mauá (risos). Na verdade, pratico corrida de rua com uma equipe muito bacana, os Caveiras. Não se trata de correr por correr, temos todo um suporte e acompanhamento. Lógico que se fosse na nossa juventude eu já teria feito várias maratonas, mas até que tenho um ritmo bacana.

— Falou o atleta master da turma. – Brinca Eurides, e continua: – Naquela época era só diversão, sabíamos que não iríamos virar jogadores de fato. Mas atividade física, como todos sabem, faz muito bem para o corpo e para a mente, além de nos ajudar a fazer amigos.

— Isso é verdade – fala Celso. – Até quem não sabia jogar nada, como o Santino, entrava na brincadeira e se divertia. Os "pernas de pau".

— Perna de Pau, Celsinho?! – retruca Santino ironicamente. – Olha quem fala! Só não virei jogador de verdade porque tinha outros objetivos, mas era um craque.

Eurides retoma sua reflexão:

— Sobre essas nossas idas ao futebol, estava aqui me lembrando de uma vez que Santino e eu estávamos voltando de mais um dia de treino. Na época tínhamos que voltar de trem e não sei se vocês se recordam de como eram os trens, mas se hoje o pessoal reclama do sistema ferroviário, se voltassem ao passado não iriam se adaptar.

— Nossa, verdade! – Concorda Josildo e complementa: – Tinha um sistema de ventilação muito precário, eram ainda mais lotados, pessoas surfando em cima dos trens, correndo muito perigo. A própria estrutura anatômica dos trens era esquisita e as plataformas, em algumas estações, tinha um vão nada seguro.

— Terrível, gente. Me lembro muito desses trens, mas como gostávamos de passear, mesmo assim achávamos o máximo. Eurides, meu caro, estou até imaginando a história que você vai contar, falando do futebol e do trem. Nossa, aquele dia seria muito engraçado se não fosse trágico. – Parece relembrar Santino.

— Ah, mas fala sério, foi muito engraçado! Lógico que na hora não foi tão agradável assim, mas hoje, relembrando, sim. Gente, imaginem Santino e eu num trem lotado, na época tinha algo como nove vagões, e cada vagão com umas trezentas pessoas. Na época tinha janelas para ventilar e elas, no dia, estavam abertas. Vocês acreditam que algum abençoado do lado de fora arremessou um saco de um litro de leite Malibu tipo C, que primeiro bateu na minha cabeça e logo em seguida estourou na cabeça e nas roupas do nosso amigo Santino?

— Pois é, pessoal! – Santino confirma a história. – E essa não foi a pior parte. Não bastava ser um litro de leite, era um litro de leite podre, muito podre. Acredito que o odor chegava até mesmo nos outros vagões. Estávamos entre as estações de Utinga e Prefeito Saladino. Lógico que todos ao redor riram, embora indignados com a situação, mas até mesmo eu, que fui o mais afetado, ri. Quem estava ao redor saiu de perto, pois o cheiro era realmente muito forte. Meu amigo Eurides, chegando ao seu destino, desembarcou na estação de Prefeito Saladino. Eu, porém, dei continuidade até a estação de Mauá. Quando chegou na estação de Santo André, muita gente sai e muita gente entra. Quem entrava não sabia da história e era impressionante observar a cara das pessoas ao sentirem o odor e os mais diversos comentários que falavam.

— O pessoal estava achando que tinha um bicho morto no vagão ou mesmo que alguém tinha defecado na roupa. – Relembra Eurides. – Quem já estava no vagão continuava a rir sem parar e a olhar para o Santino que, como estava envergonhado, acabava rindo também, mas sei que o Santino, naquele dia, deve ter gastado umas duas horas para tomar banho e tirar toda aquela "inhaca".

— Até imagino o cheiro ruim de leite podre. Na época não tinham os conservantes que tem hoje. Me recordo que a data de validade do leite era de uns três dias após a fabricação, porque era pasteurizado e vendido no saquinho. Hoje, o leite longa vida de caixinha dura uns quatro meses – comenta Josildo.

— Mas essa foi boa, gente! – exclama Celso. – Mais uma história para nosso registro de memórias.

As horas cada vez mais avançavam, a temperatura estava mais fria a cada minuto, ao longe o som das corujas se perdia em meio à imensidão escura das matas, muitos barulhos estranhos e não identificados podiam ser ouvidos ao longe. Parecia que ouvir as histórias noite adentro, embora fosse uma forma positiva de lidar com o problema, era também uma forma de evitarem a necessidade de procurarem ajuda num território desconhecido.

— Que tal mais uma história, pessoal? – propõe Eurides novamente.

— Eurides, Eurides! Cara, me fala uma coisa... Está certo que é bem gostoso relembrar tantas histórias, mas havíamos combinado de fazermos ao menos uma ronda. Me parece que você está com medo de alguma coisa – fala Celso com o tom desconfiado. – Seria, por acaso, medo dos extraterrestres de Araçoiaba? De bandidos? Ou de... fantasmas?

— Celsinho, para com isso, meu amigo! Medo eu? Logo eu, Eurides, que sou a coragem em pessoa? Na verdade, estou achando muito bacana comer, beber e ouvir nossas histórias.

— Sei... Claro... – diz Josildo em tom de gozação. – E a história de quando fomos para Poços de Caldas, que na volta era para voltarmos com o meu amigo Ismael e como ele não apareceu no horário de nos buscar, a gente teve que arrumar outro meio para voltar no meio da madrugada? Quem era o maior medroso da turma que até se borrou de medo, hein?

— Ah, meu caro Jô... Imagina! Você acha que eu estava com medo naquela ocasião? Fui eu quem incentivou vocês para que tivéssemos a solução! – responde Eurides ironicamente.

— Gente, que história é essa? Poços de Caldas? – pergunta Celso. – Quem que estava com medo dessa "macharada"?

3.6 A volta de Poços de Caldas

— Pessoal! Vocês se lembram de quando fomos para Poços de Caldas? É uma ótima cidade para se conhecer. Lembro que a viagem em si foi muito legal e divertida. O problema mesmo foi na volta – fala Josildo.

— Nossa, Josildo! Me lembro sim! – exclama Santino ao se lembrar. – Foi muito bacana mesmo. Digo isso em relação à visita à cidade, mas sobre o trajeto da volta... Rapaz! Que apuros! Me lembro bem disso, porque foi justamente quando eu troquei o jeito de pentear o meu cabelo (risos). Antes eu usava para o lado e a partir de então comecei a usar para trás. Inclusive, quem me influenciou e cortou o meu cabelo na ocasião foi a Regina, nossa conhecida da Mooca. Nunca me esqueço disso! Até hoje ainda corto com ela.

— Verdade, Santino! Você de cabelo para trás, rabo de cavalo, brinco, um blush para corar a maçã do rosto e o que mais? – Provoca Eurides.

— Menos, Eurides! Menos! – retruca Santino. – Só o cabelo mesmo. Na época era comum os rapazes deixarem o cabelo crescer... Na verdade, até hoje vejo isso e nem quer dizer algo relacionado ao gênero, trata-se apenas de estilo mesmo.

— Está certo, amigo. Só estou brincando (risos). E mesmo que usasse o resto não teria nada contra, seria meu amigo do mesmo jeito! – fala Eurides.

— Bom, gente... – Continua a história, Josildo. – Voltando para o passeio em Poços de Caldas, na época eu estava começando a namorar a Cida, o amor da minha vida, que até hoje me aguenta. Eu tinha um Fusca marrom. Na véspera da viagem, um amigo meu, de nome

Ismael Farinelli, que era inquilino da minha mãe, morava lá no quintal, me pediu o carro emprestado para ir até Jundiaí para resolver algumas coisas que ele precisava. Como a gente ia fazer o passeio numa excursão de ônibus, não vi problema nenhum, apenas deixei combinado que ele fosse buscar a gente no domingo à noite, quando estaríamos de volta. Lembra? A excursão saía e chegava lá de Itaquera. Combinamos por volta das 9h, 9h30.

— Não estou me lembrando... Acho que vocês também me deixaram fora desse passeio – diz Celso.

— Celsinho, meu amigo... – Justifica Eurides. – Jamais excluiríamos você. Na verdade, esse passeio foi assim, algo para nós, juventude "pão com mortadela". Você sempre foi mais refinado, nosso amigo chique.

— Refinado? Eu? Que é isso! Se vocês comiam pão com mortadela, eu passava o pão na chapa com manteiga porque mortadela também era cara (risos).

— Mas agora vamos continuar a história, gente! – fala Santino. – Foi assim: estávamos em Poços de Caldas, em Minas Gerais, um dos municípios mais populosos daquele estado. Dizem que o nome foi dado porque existiam nascentes de águas próximas a uma caldeira vulcânica. Alguns diziam que essas águas tinham poderes curativos, por isso o turismo aumentou na região. Fala a verdade, gente! Sou quase um guia turístico, não sou? Bem, chegando lá, tudo muito bacana e tal, estávamos totalmente despreocupados com a volta, porque já estava tudo combinado com o amigo do Josildo. Curtimos bastante... Aliás, é um lugar que super indico para passeio.

— Muita enrolação, Santino! – Brinca Eurides. – Deixa eu continuar... O ponto crucial dessa história, após o passeio propriamente dito, foi que quando chegamos novamente a Itaquera... Onde estava Ismael? Não havia chegado! Ficamos quase duas horas esperando e nada. Como já falamos em outros momentos, não existia celulares, não tínhamos telefone disponível para ligar, ficamos de mãos atadas, sem ter o que fazer para termos notícias do Ismael. Pensamos que tinha acontecido alguma coisa com ele ou com o carro, mas o pior de tudo é que quando nos tocamos de que poderíamos acabar passando a noite naquele local não tinha mais ônibus. Já era meia-noite, sem comunicação, sem ônibus, sem nada. Nem dinheiro para táxi bandeira dois a gente tinha. Qual a solução? Na verdade, a única plausível para o momento era voltarmos a pé, mesmo sendo muito, muito longe. E assim fizemos. Saímos de Itaquera meia-noite. Me lembro de que ninguém queria ir na frente e muito menos atrás, ou seja, ninguém queria ser o primeiro e nem o último da fila naquelas ruas desertas e sinistras. Todos valentes e corajosos. Detalhe: na época, ninguém de nós estava com medo de ladrão, pois, na época, era muito mais tranquilo do que hoje.

— Não acredito! – espanta-se Celso. – Se não tinham medo de ladrão, estavam com medo do quê? Três marmanjões com medo de assombração? É sério?

— Seríssimo, meu amigo Celsinho! – responde Eurides. – Estávamos nos borrando de medo. A iluminação também era bem menor que a de hoje. Três horas caminhando pelas ruas, de Itaquera a Santo André! Que loucura!

— Verdade, Celsinho, loucura mesmo! Chegamos já eram três horas da manhã. Foi a primeira vez que dormi na casa do Eurides, porque além de ser a casa mais perto, já estávamos exaustos com todo o desgaste de caminhar tanto tempo. Quando foi de manhã que a mãe do Eurides acordou e olhou para nós naquela situação, chamou-o de lado e começou: "E esses moleques!? Você fica trazendo esses moleques pra dormir aqui?! Como você faz isso? Ahhh". Bom, percebemos que, naquele momento, não éramos bem-vindos (risos), mas não tiro a razão dela. Ela estava nervosa porque o Eurides havia dito que chegaríamos bem mais cedo e chegamos naquele horário – conta Santino.

— No outro dia, quando conversei com o Ismael, ele me disse que havia inventado uma desculpa para minha mãe para ela não ficar preocupada. Na verdade, ele tinha chegado lá em Itaquera pouco depois da meia-noite e não achou a gente. Também ficou desesperado, pensando que tínhamos sido sequestrados, abduzidos, sei lá. Daí, quando chegou na casa dele e minha mãe no quintal sem notícias, disse que tínhamos dormido na residência de outro amigo, para ela não se desesperar – fala Josildo.

— Nossa gente! Que história, hein! O importante é que vocês chegaram vivos e bem, sem que nenhum bandido, tampouco assombração, atormentasse vocês. Mas olha, achei bem legal isso que vocês contaram, mesmo havendo esse desencontro! Vocês tiveram uma dificuldade e foram atrás de uma solução. Poderiam ter ficado reclamando apenas, acomodados, confiando apenas no colega que iria buscar. Está certo que ele foi logo depois, mas e se não tivesse ido? Vocês agiram com resiliência e tomaram uma atitude. Isso é bacana! Só não tira o lado que deve ter sido muito engraçada a cara de vocês com medo de assombração. Queria ter visto – comenta Celso e sorri.

— Hoje, lembrando da história, parece mesmo engraçado (risos), mas na hora do ocorrido não foi bem assim – comenta Eurides.

— Mas gente, agora já passou da nossa meta para o momento. Quem vai ser o homem corajoso e implacável que vai comigo procurar ajuda? Se bem que depois dessa história acho difícil, viu! – diz Celso, provocando os amigos.

— Bom, Celsinho! Sou muito corajoso, todos aqui sabem... Mas é que não havia comido quase nada hoje, preciso comer um pouco mais, e também sou bom para fazer churrasco. Além disso, eu acredito que se aparecer alguém aqui para querer levar o carro eu sei lutar melhor – responde Eurides.

— Para de inventar desculpas, seu mole! Confessa que está com medo! Pior que não é nem de bandido, é de fantasmas! Fala sério! (risos) – Josildo tira sarro do amigo.

— Pode deixar, Celsinho! Eu vou! – Se voluntaria Santino. – Esses nossos amigos aqui não estão com nada! Tudo frouxo (risos).

— Já que o Santino insiste, não vou me opor! – Ironiza Josildo, sentindo-se aliviado.

— Então vamos, Santino! – convoca Celso, orientando os demais: – Pessoal, nós vamos tentar seguir em frente pela direita, onde tem pequenos focos de luz. Vamos tentar caminhar cerca de meia hora à frente, no máximo, para não ficarmos muito longe daqui. Isso significa que em uma hora possivelmente estaremos de volta.

— Por precaução, vamos levar duas lanternas e um facão de churrasco para essa expedição. Vocês dois têm o farol do carro e tem mais uma lanterna na mochila do Josildo. Seria muito bom se a gente tivesse um sinalizador, mas jamais imaginaríamos passar por isso, então, qualquer emergência, se não voltarmos no período de até uma hora e meia no máximo, literalmente, façam sinal de fumaça – recomenda Santino.

— Pode deixar, meninos! – Tranquiliza Eurides, e brinca: – Tem umas camisas velhas do Celso ali na mochila. Como foi ele quem deu a ideia, qualquer coisa a gente "taca" fogo e faz sinal de fumaça.

— Nem se atrevam a mexer na minha mochila, viu! Senão no próximo churrasco já coloco a mochila de vocês todos para acender o fogo. – Brinca Celso, preparando-se para sair em direção à mata.

Celso e Santino, então, enfrentam seus medos e se lançam ao desconhecido. Adentram a mata e a cada passo se distanciam mais do carro parado. Já de início percebem os galhos das árvores, algumas secas, fazendo barreiras entre elas, obrigando-os a se abaixarem em alguns momentos, ou mesmo a usarem o facão para abrirem caminho, pois mosquitos, mariposas e besouros fazem acrobacias, sobrevoando ao redor das luzes das lanternas, tornando a caminhada desagradável.

Existem momentos na vida em que são necessárias atitudes radicais. Nem sempre são as mais fáceis, mas são necessárias. Tantas vezes nos colocamos numa zona de conforto, esperando que as coisas mudem, entretanto, por medo do desconhecido preferimos ficar estagnados.

No caso dos nossos quatro cavalheiros da Antarctica, foram resilientes ao momento, transformando um momento difícil num lazer. Contudo, mesmo com essa visão positiva, certos momentos exigem a necessidade de outras ações. Exatamente nesse contexto, resolveram se dividir em busca de novas possibilidades. Tomar atitudes também pede de nós prudência e estratégia. Quando falamos de grupos, pessoas reunidas por um propósito, é necessária a compreensão dos múltiplos papéis e a importância de cada um; no presente caso, tanto dos que foram a campo, na busca de soluções, quanto os que ficaram para guardar o local.

Caminhando pela mata, sem rumo certo, Celso e Santino se aventuram, norteando-se por pequeninos focos de luz ao longe, pensando ser, talvez, a luz de alguma casinha perdida em meio às árvores, ou mesmo um pequeno vilarejo, esperançosos que alguém pudesse dar uma ajuda. Surgiam ruídos diferentes de várias partes daquela imensidão de árvores, que poderiam ser de quaisquer animais noturnos; alguns, quem sabe, perigosos. Os aventureiros, em contrapartida, procuravam não fazer barulho algum para que não fossem percebidos por algum ser faminto e selvagem, mas, mesmo assim, nesse andar cauteloso, quase usando as pontas dos pés, algo aconteceu, e Celso, que procurava ser tão cuidadoso, instintivamente gritou:

— Santino! Santino! Algo prendeu na minha perna! Algo segurou minha perna! Socorro! Socorro! Me ajuda! É uma cobra! Deve ser uma cobra! Nem vou jogar a luz em cima para ela não se irritar. Ainda não me picou.

— Celso, fica parado, quieto, quietinho! – orienta Santino, que também estava receoso. – Cara, cobra se mata com pau, mas até achar esse pau ela já devorou você. Vamos picar ela no facão mesmo.

— Cuidado, Santino, ela está bem na minha perna. Se você errar pode cortar a minha perna, daí não sei o que será pior – diz Celso.

— Calma, Celsinho, calma! Vou me aproximar bem devagar para ela não fugir e nem dar o bote. – fala Santino se aproximando vagarosamente.

Santino levanta o facão, preparando-se para lançar um golpe sobre a suposta cobra. Cheio de coragem (só que não), precisava salvar seu amigo. Em dado momento, procurou agir rápido. Ergueu o braço e desferiu um golpe certeiro no que prendia Celso... (Tuff)... Soltando automaticamente o facão com medo de um possível rebote da cobra.

— Aproveita agora, Celsinho! – fala Santino. – Tira a perna daí, vai para o outro lado.

Celso obedece ao amigo, sentindo-se aliviado. Quando miram a lanterna sobre o facão fincado no chão, não encontram nada mais do que um cipó cortado pelo golpe de Santino. Celso olhou disfarçadamente para o outro lado. Santino, com um sorriso de canto de boca, olhou para o amigo e disse:

— Bom, se tinha cobra ou não eu não sei, mas que eu devia ter filmado sua cara, isso eu devia! (risos)

— Cala boca, Santino! – responde Celso, rindo. – Certeza que se fosse você o escândalo teria sido bem maior. Agora não vamos perder tempo, bora continuar!

Os dois, então, seguem seu caminho. Enquanto isso, sentados à fogueira, próximos ao carro, Eurides e Josildo continuam a comer e a contar histórias.

— Josildo, meu amigo... Confesso que tenho alguns pequenos medos sim. De ladrão todo mundo tem, mas se aparecer um ladrão, ou você entrega o que ele quer ou provavelmente morra tentando fugir, então, a melhor opção é preservar a sua vida, correto? Agora fantasma, cara... Eles atravessam paredes, se aparecerem não tem nem muito o que fazer para fugir. No máximo, rezar... se você não desmaiar primeiro.

— Não brinca, Eurides! Ainda não perdeu o medo de fantasma? Eu, particularmente, nunca vi um, e também nem quero ver, só que não fico pensando nessas coisas, nem mesmo no escuro. Cara, nessa mata... Se aparecesse alguma assombração, o que você faria?

— Olha, Jô... Nem brinca com isso, rapaz! Nem sei o que eu faria, mas acho melhor a gente mudar de assunto para não atrair, sabe?

— Eurides, me diga uma coisa. Que história é essa de extraterrestres aqui nesta cidade? Parece que o Celsinho estava falando alguma coisa sobre isso. Você contou alguma história sobre isso?

— Vou te contar uma coisa, Josildo, mas não fala para ninguém, ok? Quando eu fui comprar a chácara que a gente está indo, de um amigo nosso, achei ela bem bacana. O preço estava muito bom, daí eu perguntei por que eles queriam vender e tal. Eles deram muitas desculpas financeiras, entre outras, daí tudo bem. Conversa vai, conversa vem, a gente entrou no assunto da fama que Araçoiaba tem de ser um point intergaláctico. A mulher desse nosso amigo começou a contar que já teve contato muito próximo com esses alienígenas, que são muito inteligentes e que foram muito bacanas com ela. Para completar, disse que eles colocaram um chip nela para ajudar num estudo que eles estavam fazendo da humanidade. E não é só isso. Disse, também, que um dia eles prometeram que vão voltar para buscar esse mesmo chip.

— Cara, que história muito louca essa! – Surpreende-se Josildo. – Essa mulher não era louca não?

— Não, Josildo, super normal, dentro do que se pode dizer de alguém nesta Terra ser normal. Isso que me deixou ainda mais intrigado, porque ela não apresentava traços de loucura. Ela podia estar brincando, mas quem sabe ela estaria falando a verdade?

— Poxa, Eurides! Agora eu que lhe digo, nem brinca com isso! Fico aqui pensando, se esses alienígenas disseram que vão voltar para pegar o chip e ela morava na chácara que a gente vai, isso significa que quando eles forem procurar esse chip, vão aparecer primeiro por lá. Eles não têm o endereço novo dela. E se justo agora que a gente está indo para lá eles resolvem aparecer? Já que está acontecendo tudo isso, bem possível que isso seja uma possibilidade.

— Bem, não podemos descartar essa hipótese – responde Eurides com tom de gozação, mas não tão seguro que seja apenas lenda.

3.7 Luz no fim do túnel

Após vinte minutos de caminhada, Celso e Santino avistam um pequeno chalé na encosta de um monte, com as luzes todas apagadas. Contudo, pela chaminé ainda se podia ver sair resquícios de fumaça. Ao que parece, alguém havia estado lá há pouco tempo. Embora as luzes estivessem apagadas, aquilo era para eles como uma luz no fim do túnel, uma possibilidade de encontrarem a ajuda que tanto ansiavam achar. Santino, então, olha para Celso e diz baixinho:

— Celsinho, vamos bem devagar, procurando fazer o mínimo de barulho possível. Pode ser que encontremos algo ou alguém que possa nos ajudar, mas está um pouco estranho esse local.

—Santino... Cara... É melhor a gente ir embora. Não foi uma boa ideia termos inventado de vir atrás de ajuda numa mata como esta, nesta hora da noite.

— Termos inventado? Como assim? A ideia de fazermos uma ronda por aqui foi inteiramente sua, amigo. Mas agora já é tarde demais, estamos aqui. Já que viemos e até agora essa foi a primeira chance que encontramos de ter alguma informação que possa nos ajudar, então vamos!

O medo era inevitável e estava estampado na face de ambos. Eles se aproximam vagarosamente da porta do chalé, porque, no fundo, sentiam algo estranho naquele local tão isolado, naquela estrutura de madeira tão envelhecida e descuidada. Podia ser um covil de ladrões, ou mesmo um cativeiro para esconder pessoas raptadas. Ainda, pelas histórias do local, podia ser um ponto de encontro de aliens, ou qualquer outra situação perigosa. Mesmo assim, tomaram coragem e foram, passo a passo, desviando das folhas secas e gravetos espalhados pelo chão. A respiração ofegante denunciava o nervosismo que a situação lhes trazia.

A ansiedade é um sentimento que prejudica milhares de pessoas no mundo. Só aqui, no Brasil, quase dez por cento da população sofre com esse mal. A ansiedade em si nos prepara para futuras ações, entretanto, seu excesso é muito danoso para todos, pois antecipa ameaças, na maioria das vezes, improváveis e infundadas, liberando no corpo das pessoas algumas substâncias indevidas, já que a situação ocorre somente nos pensamentos e emoções do indivíduo.

Naquele momento, o que Celso e Santino tinham em seu campo de visão era um chalé velho, com pouquíssima fumaça saindo pela chaminé. Eles não tinham nenhum outro dado, mas a mente ansiosa vagueava entre várias fantasias, o que atrapalhava a realização do objetivo. A cautela é, de fato, uma dádiva importante, prevenindo diversos perigos, mas de modo algum deve nos travar de fazer as coisas que precisamos. Quando isso acontece, podemos ter um quadro ansioso e fazer mal não somente à mente, mas também ao corpo. Assim, devemos filtrar nossos pensamentos, separando fatos concretos de fatos imaginários, ajudando-nos a entendermos melhor a situação e tomarmos melhores atitudes.

Quando se aproximaram da porta, olharam um para o outro, como se perguntando qual era a próxima atitude a se tomar. Já não sabiam mais se era possível nem mesmo cochicharem, pois podia haver alguém perigoso dentro do chalé. A proximidade daquele lugar velho e empoeirado irritou de algum modo as narinas de Santino, que tentou veementemente segurar o espirro, que acabou sendo inevitável. Celso colocou a mão direita na testa, como se dissesse: "E agora! Vão pegar a gente". Santino também ficou ainda mais receoso com o que podia lhes acontecer naquele momento, pois podia ter gente lá dentro; a fumaça na chaminé indicava que aquele chalé não estava há muito tempo abandonado.

Perceberam um barulho, como de passos ligeiros se aproximando da porta. Então, sentiram um fungado forte e, de imediato, vários latidos. Pelo timbre era um cachorro bravo e grande. Rapidamente, os dois correram, cada um para um lado, e se esconderam atrás da primeira árvore que encontraram. Ouviram, então, uma voz forte ressoar dentro do velho chalé, dizendo:

— Quem está aí? Diga logo antes que eu encha de balas!

Celso, então, cheio de pavor, numa atitude de desespero, disse:

— Auuuuuuu, Auuuuuuu!

Santino, do outro lado, balançando a cabeça e com olhar de reprovação, perguntava a si próprio: "Cara, como pode! Não acredito que ele acha que quem quer que seja que esteja lá dentro vai pensar que esse gritinho é de um lobo ou de um cachorro". A voz de dentro do chalé gritou novamente:

— Sua raposa nojenta! É agora que vou te pegar! Saia para fora!

Pah, pah, pah! Escuta-se o som de três tiros de espingarda. Os dois não sabiam se corriam ou se desmaiavam, mas sabiam que se corressem, um dos dois poderia ser pego e até mesmo ser morto por aquele desconhecido. Celso, então, pegou um lenço branco que trazia em seu bolso e o chacoalhou de modo que o homem pudesse ver apenas seu braço, e gritou:

— Por favor! Por favor! Viemos em paz! Somos apenas dois viajantes perdidos numa mata fechada e não sabemos como sair daqui. Nosso carro quebrou e estamos aqui atrás de ajuda!

O homem, que a essa altura já havia saído de dentro do chalé com sua espingarda, disse:

— Tudo bem, ok! Saiam os dois com os braços para o alto onde eu possa ver!

Ambos saíram de trás das árvores e se colocaram na frente do homem, que mirava a espingarda para frente, buscando intimidá-los e averiguar suas reais intenções. Então, manda:

— Levantem as camisas e abaixem as calças!

— Para quê? – pergunta Santino. – Viemos em paz!

— Não discuta! Você não está em posição de me contestar! Apenas faça o que eu estou mandando antes que eu ponha vocês dois para comerem grama pela raiz! – grita o homem com voz brava e imperativa.

— Tudo bem! Tudo bem! – Concorda Santino. – Foi só uma pergunta!

E assim fizeram. Levantaram a camisa e abaixaram as calças. O homem, então, circulou ao redor de ambos e viu que estavam desarmados, percebendo que provavelmente falavam a verdade. Aliviado por não serem bandidos, o homem lhes pergunta:

— Já que não vieram me roubar, igual vira e mexe aparecem por aqui raposas e humanos ladrões de galinhas, quem são vocês? O que aconteceu? E que tipo de ajuda vocês querem?

Celso e Santino, então, explicaram tudo o que havia acontecido e sobre quem eram, o objetivo da viagem, o resgate das memórias, as dificuldades na estrada, o fato de o pneu ter estourado, o local onde o carro ficou parado... Daí, Santino diz ao homem:

— Viemos atrás de ajuda, para saber se tem algum carro para guinchar o nosso e se existe um atalho mais seguro e mais fácil a partir da clareira para chegarmos a alguma avenida e nos localizarmos melhor.

— Gostei muito dessa ideia de vocês. Acho que todo ser humano, em algum momento, deve relembrar suas histórias, ver seus erros e acertos. A vida é curta demais, mas é muito profunda para se findar sem propósitos. Precisamos compreender a nossa história e deixar algo para o mundo. – Reflete o homem. – Bom, meu carro está muito velho e também não tenho cordas para puxar outro carro. Não acho uma boa ideia e, nesta altura da noite, dificilmente encontrão alguém para ajudá-los. Se quiserem, podem ficar aqui esta noite. O que acham?

— Gratidão imensa pelo convite, mas não podemos deixar nossos amigos. Eles estão lá, nos esperando, a meia hora daqui. Além disso, não podemos deixar o carro sozinho naquela clareira.

— Está certo, tudo bem. – Compreende o homem e sugere: – Olha, me lembrei de algo. Sei que não posso ajudá-los a sair daqui guinchando o carro, mas há um tempo, com ajuda de um engenheiro amigo meu, construímos um mapa da região. Inclusive, a clareira está nele. Com esse mapa certamente conseguirão se nortear para saírem daquele lugar. Não é muito seguro ficarem dando sopa por lá. Animais perigosos rondam a região, além de seres de outros planetas fazerem visitas constantes por aqui. Dependendo da raça deles, podem não ir com a cara de vocês. Há quem diga também sobre vultos e fantasmas, mas nunca se sabe o que é ou não é verdade. Mas agora me deixem buscar o mapa. Me aguardem aqui.

O homem, então, entra em seu chalé para pegar o mapa. Com ele teriam ao menos uma direção para seguir, embora o problema do carro ainda não estivesse resolvido. Após cerca de cinco minutos, o homem retorna com um papel em forma de rolo e uma sacola preta com algo dentro e lhes disse:

— Rapazes, aqui está o mapa. Certamente, conseguirão ao menos saber como chegar até a via principal. Senti que tinha que entregar essa sacola para vocês. Não vi o carro, não sei o que aconteceu, mas tenho uma forte intuição de que o que tem aqui dentro ajudará vocês a saírem de lá. Desde que tive contato com um ser estranho, pequeno e cabeçudo, com uma luz em volta dele, tenho sentido muitas intuições. Ele me disse que ele e os amigos dele queriam conhecer melhor o ser humano e passou uma tarde comigo, tomou até café com biscoitos, vocês acreditam?

— Claro, claro! – responde Celso, desejando muito sair daquele local.

Santino olha com um sorriso desconcertado para o homem para que ele pensasse que também acreditava naquela história e lhe diz:

— Muito bacana essa história! Deve ter sido uma experiência incrível! Agora, mudando de assunto, quero agradecer demais pelo mapa e pelas ferramentas. Lhe desejo toda felicidade do mundo. Realmente, precisamos ir embora. Nossos amigos já devem estar desesperados. Um boa noite para você e desculpa te incomodar.

— Também agradeço demais pela ajuda – diz Celso e se despede. – Espero que sua noite seja bem agradável! Desculpa a pressa, mas como disse meu amigo, temos mesmo que ir. Quem sabe da outra vez que viermos passemos por aqui para tomarmos um café e lhes entregar a sacola e o mapa.

— Não esquentem com isso, nem precisam devolver! Mas sobre um dia me visitarem está ótimo, será uma honra! Vou deixar vocês irem então. Também tenho que dormir, pois amanhã começo a trabalhar cedo. Boa sorte! Espero que consigam sair da clareira em segurança e que consigam encontrar seus amigos vivos e bem.

Santino olha para Celso com olhar receoso, assim como Celso olha para ele. Eles começam a andar ao encontro de seus amigos. Santino comenta com Celso:

— Celsinho, aquele homem não é muito normal, não é? Ou foi impressão só minha? Aquele papo de alienígena, intuição... Será que ele fuma alguma coisa diferente?

— Olha, Santino... Eu tive a mesma impressão. Certamente, ele não bate muito bem das ideias, mas eu não iria contestá-lo, afinal, conseguimos o mapa. Se ele falasse que era Napoleão eu concordaria.

— Tem razão, Celso! Mas ainda bem que conseguimos sair de lá! Bom, agora vamos voltar rápido. Os dois já devem estar achando que fomos abduzidos, sequestrados ou algo assim. Mas vamos com muito cuidado. Está tudo muito estranho por aqui. Estou com receio de acontecer algo conosco ou mesmo com nossos amigos.

— Também acho, Santino. Mas não é bom para nós ficarmos pensando em coisas ruins. – Aconselha Celso.

— De acordo amigo. – Concorda Santino.

Enquanto Santino e Celso voltavam pela mata para encontrar seus amigos, Eurides e Josildo já estavam muito preocupados com eles. Haviam combinado que retornariam cerca de uma hora e vinte minutos depois, entretanto, já estavam quase há duas horas fora. A incerteza apavorava Eurides e parecia confirmar o seu medo e que ter ficado próximo ao carro tinha sido, de fato, a melhor escolha. Já Josildo, dentro de si, sentia-se confuso. Não sabia se deviam ou não ir atrás de seus amigos. Embora achasse que não deveriam deixá-los em apuros na mata, era muito arriscado procurá-los no incerto, num lugar tão imenso. O risco não seria só para eles, mas também para os outros se acaso conseguissem retornar, pois se chegassem e não os encontrassem, voltariam para a mata, provocando um perigoso ciclo.

A amizade verdadeira é algo tão forte que somos capazes de nos arriscar por pessoas que nem mesmo possuem vínculo sanguíneo conosco. Há muitos irmãos que não são amigos e têm muitos amigos que são mais do que irmãos. Hoje em dia existem pessoas com mais de cinco mil amigos nas redes sociais, mas na hora do aperto não encontram uma sequer que lhes ofereça um ombro amigo, ficam apenas na superficialidade das relações frágeis e virtuais. Não que dentre os milhares de "web amigos" não exista alguém com o coração sincero, mas o amigo verdadeiro é aquele que mesmo à distância está perto nas intenções e no desejo de que o outro dê certo, preocupa-se com ele e quer o seu bem.

A tensão aumentava a cada minuto. Nessa altura já não vinha mais nenhuma história em mente para distrair, não havia mais cabeça para continuar a comer ou beber. A cada barulho, uma expectativa, um susto. Restava-lhes apenas esperar e nada mais... Nada mais?

— Eurides! – exclama Josildo. – Tive uma ideia! Ou melhor, me lembrei de algo que eles falaram aqui hoje. Que tal fazermos um sinal de fumaça?

— Ah, Josildo! Que fumaça? Nós aqui preocupados com coisa séria e você falando de fumaça? Vai fazer o quê? Fumar um cachimbo e jogar fumaça ao vento? – fala Eurides com tom de deboche. – Tive uma ideia melhor... Pega aquela camisa do Celsinho que está para fora. Vamos umedecê-la com esse pouco de água que sobrou na garrafa.

— Ôxe, para quê? – questiona Josildo.

Eurides, então, umedece a camisa do Celso, torce o pano para que não fique encharcado, vira-se para Josildo e lhe pede:

— Agora segure essas duas pontas da camisa, fique desse lado da fogueira, e eu seguro essas outras duas pontas desse lado da fogueira.

— Nossa! Agora que entendi, Eurides! – fala Josildo com indignação ao perceber a brincadeira e reivindica: – Essa ideia foi minha, mané. Acabei de falar.

— Ok, Josildo... Isso agora não importa. Sem enrolar! – orienta Eurides, – Agora, no três, a gente desce a camisa e sobe, desce e sobe, várias vezes, ok? Vamos!

E, assim, aos poucos o sinal de fumaça sobe, entretanto, devido ao escuro da noite, pouco se conseguia enxergar a fumaça, então, Josildo sugere:

— Vamos colocar essa lanterna que sobrou com a gente apontada para cima, na direção da fumaça. Daí acredito que o sinal ficará mais visível.

Josildo, então, faz como havia dito e, de fato, o sinal torna a luz mais visível, junto à claridade que a fogueira já proporcionava. Eurides comenta:

— Muito bem, senhor Josildo! Boa ideia! Até que você pensa!

— Sempre penso, meu caro – responde Josildo.

Eles mantiveram o ritmo por três minutos, subindo e descendo a camisa umedecida, tornando o sinal cada vez mais visível e, assim, possível de ser visto a uma boa distância. Eurides, então, reflete:

— Cara, nós estamos aqui fazendo essa sinalização para eles nos encontrarem, mas esse sinal também indica que existem pessoas aqui. Qualquer um poderá nos encontrar. Tanto eles, quanto bandidos ou mesmo ETs...

— Poxa, Eurides, pior que você tem razão! E agora? O que faremos? E se seres indesejáveis nos encontrarem?

— Calma, meu amigo! Vamos ter fé. Não entremos em pânico! – Pede Eurides, sendo contraditório com suas falas. – Bem, tenho uma ideia. Que tal relembrarmos alguma história que vivemos juntos?

— Muito bem, Eurides! Acho que é uma ótima ideia para o momento – responde Josildo.

3.8 Cida, a mulher valente!

— Eurides, se recorda de uma vez em que estávamos em três casais lá em casa? Você e a Sandra, o Silvio e a Sandra dele e a Cida e eu? – pergunta Josildo ao amigo.

— Nos reunimos algumas vezes, mas acho que sei de qual vez você está falando (risos). – responde Eurides, começando a rir.

— Bom, acredito que você deve se lembrar, pois foi inesquecível (risos) – Diz Josildo ironicamente, e continua: – Não sei se você se recorda, mas a Sandra do Silvio tinha muito ciúmes da Cida, pois vira e mexe o Silvio estava lá em casa, porque como ele trabalhava com vendas, sempre me ajudava com dicas supervaliosas, trocávamos várias figurinhas. Mas nesse dia específico, tínhamos combinado de jantar lá em casa. Muito bem, estávamos os três casais à mesa, papeando, brincando, até que surgiu o assunto "perfume". As meninas, então, começaram a mostrar os perfumes umas para as outras. Eu, bobão como sempre, fui fazer uma brincadeira besta com o pessoal e me lasquei. Primeiro, me aproximei da Sandra do Eurides, dei um cheiro no pescoço dela, tranquilo, mas quando fiz a mesma brincadeira com a Sandra do Sílvio, no mesmo segundo, só senti o salto pesado do tamanco da Cida no meu nariz. Pensa numa dor! Imagine aquele salto generoso arremessado com força, acertando em cheio o seu nariz.

— Para você ver a mulher arretada que é a Cida (risos)! – Brinca Eurides.

— Pensa numa mulher valente! – Complementa Josildo.

— Valente?! Bota mulher Valente nisso! – fala Eurides. – Estou me lembrando de mais uma história envolvendo as mesmas pessoas. Não sei se você se recorda de uma noite que nos reunimos na sua casa para comer pizza. Também estavam o Silvio e a esposa dele, minha esposa e eu e vocês dois.

— Poxa, Euridão, a noite da pizza! – Recorda-se Josildo, com expressão de constrangimento. – Claro que me lembro. Como poderia me esquecer... Mas você lembra o motivo pelo qual aconteceu o que aconteceu? Você se lembra quem é o "boca aberta" da turma?

— Imagina, Josildo. Eu vou lá saber quem é "boca aberta"? Minha boca é um túmulo. – responde Eurides ironicamente.

— Nossa, Eurides! Por isso que você tem esse hálito tão desagradável? – Brinca Josildo.

— Vou entender isso como uma brincadeira, Jô! Meu hálito é 24 horas por dia refrescante, com sabor de hortelã ou menta. Não te falo para provar porque é exclusividade da Sandra – responde Eurides à brincadeira do amigo.

— Mas voltando à história que motivou aquela noite da pizza... – retoma a história Josildo –, tínhamos feito um passeio para Socorro. Você, sua esposa e a Cida foram num Fusca cinza que eu tinha, e eu e meu compadre fomos de moto. Inclusive, elas estavam grávidas novamente. Nós já tínhamos a Rafa e vocês já tinham a Joyce. Nesse passeio, nem tínhamos planejado direito onde ficaríamos. Como era final de ano, as casas estavam todas cheias de parentes. Passamos na casa de três tias suas, mas ninguém podia nos receber... Por fim, encontramos um lugar para a Cida e a Sandra, mas não cabia a gente. Compreendemos a situação e decidimos dormir no Fusca mesmo, você, eu e o Carlos, meu compadre. Daí, você propôs irmos tomar uma cerveja na cidade.

— Cara, verdade! – diz Eurides. – Você, inclusive, estava todo mal-acabado, de calça jeans, camisa regata suja, de chinelo, mas a gente precisava daquela cerveja, amigo.

— A cerveja não foi o problema Eurides. O problema foi onde fomos tomar a cerveja. – fala Josildo. – Quando a gente estava na praça, você olha para uma discoteca e me fala: "Oh, vamos entrar na discoteca? É rapidinho". Bom, eu relutei, não queria entrar, mas pensei direito, como não faríamos nada de mal, seria só uma cerveja, entramos. Até aí quase tudo bem, até ficamos na antessala da discoteca, quando, de repente, apareceu uma prima sua e pegou a gente no flagra.

— No flagra que você diz é com a cerveja na mão, só para deixar claro – comenta Eurides.

— Claro, né? Somos rapazes sérios, éramos apenas três cachaceiros querendo apenas uma cerveja. – Continua Josildo – Mas, então, sua prima te cumprimentou, cumprimentou o Carlos, me cumprimentou também e eu já imaginei que a história não ia acabar ali. Tudo bem, voltamos para o Fusca e aproveitamos o passeio em Socorro. Dias depois fui pegar algo que tinha esquecido na sua casa e a Sandra grita da janela: "Tô sabendo, seu Josildo, o que vocês aprontaram lá em Socorro, hein! Vou contar para Cida". A história tinha ido parar no ouvido dela. Daí tudo bem, fui embora, tranquilo, sossegado. Passaram muitos anos e, certa noite, havíamos nos reunido na minha casa para comer uma pizza, você, o Silvio e eu, e nossas respectivas esposas. Do nada, um fofoqueiro chamado Eurides, começa a relembrar histórias do fundo do baú: "Hei, Josildo! Lembra quando fomos para Socorro, num final de ano?". Pronto! Era só o que precisou para a Sandra se lembrar do ocorrido e, imediatamente, dar com a língua nos dentes: "Cida, sabe esses dois aí? Naquela viagem de Socorro? Enquanto a gente estava dormindo, eles foram para uma discoteca". A Cida nem me perguntou nada. Só a vi colocar a mão debaixo da pizza e arremessar na minha cara, na frente de todo mundo. A pizza relou no meu cabelo e grudou na geladeira de tanta que era a força. O engraçado foi você tentando consertar a situação. Não sabia nem o que falar, ficou até gaguejando.

— Tadinho do Josildo! – Eurides tira sarro. – Só apanhando da mulher. Brincadeiras à parte, seria engraçado se não fosse trágico. Ainda bem que tudo deu certo, ela ficou bem com você e, literalmente, tudo acabou em pizza.

Josildo e Eurides se sentam nas pedras na esperança de que eles ainda apareçam, uma vez que não surgia qualquer outra ideia. Enquanto isso, Celso e Santino caminham pelas matas se deparando com cipós entrelaçados, besouros e mariposas, tatus e outros animais correndo de um lado para o outro. Não se sabia quem tinha mais medo, se Celso, Santino ou os próprios animais. Não conseguiam encontrar a estrada pela qual haviam seguido, estavam perdidos e já haviam se dado conta disso. Ficaram com medo de avançar e ficarem ainda mais longe do carro.

Muitas vezes, em nossas vidas, sentimo-nos perdidos e sem direção. Parece que estamos dando voltas em círculo. Chegamos, inclusive, a ter vontade de desistir da caminhada. O medo paralisa, bem como a sensação de fracasso. Preferimos, então, permanecer na nossa zona de conforto, num lugar dentro de nós onde nos sentimos seguros, porém insatisfeitos, apenas para não corrermos mais riscos.

Celso e Santino não tinham a mínima ideia de onde estavam, nem mesmo que direção deviam seguir, pois já haviam perdido a direção. Olhavam para as árvores ao redor e tudo parecia igual, não havia nada que pudesse diferenciar. Poderiam ter feito marcas nas árvores ao longo do caminho, mas na hora não pensaram. Santino comentou:

— Celso, fala sério, não planejamos essa expedição, e por ironia do destino estamos perdidos com um mapa na mão! Mas também seria muito exigir que catalogassem as árvores no mapa. Estamos no meio de um monte de árvores. Temos que tentar achar qualquer estradinha para ver se nos achamos no mapa, embora não tenhamos nenhuma referência de nada aqui.

— Tem razão, Santino! – Concorda Celso. – Será que teremos de esperar o dia raiar para tomar qualquer providência?

— Não cara, sem chance! Não podemos dormir aqui neste lugar, ainda mais separados, os outros lá na clareira e nós aqui, no meio dessas milhares de árvores. No mínimo, precisamos encontrar os rapazes.

— Santino, não temos o que fazer! Quanto mais andarmos pode ficar ainda pior, porque se estivermos indo para o lado errado, mais distantes vamos ficar. Vamos nos sentar um pouco e pensar. Conta alguma história para a gente relaxar um pouco. Quanto mais nervosos ficarmos, pior é. Se ficarmos tranquilos, talvez apareça alguma ideia boa para nos ajudar.

3.9 O volante de madeira

— Ok, Celsinho! Lembra de uma vez que eu, querendo fazer um agrado para você, que é um grande amigo, te presenteei com um volante de madeira? – Recorda-se Santino. Acho que foi por volta de 1979, pois eu ainda estava tirando carta de motorista. Lembro-me muito bem dos acontecimentos. Eu troquei o volante do meu carro, um Fusca, e o volante que tirei do meu carro dei para você colocar no seu Fusca. O volante era todo de madeira, muito bonito, chique. Pensei ser algo bem legal para dar a um amigo. Eu fiquei com o seu carro e fui levá-lo para que o volante fosse colocado pelo mecânico, mas no meio do caminho, exatamente na esquina da Avenida Presidente Wilson com a

Rua da Mooca, quando ainda a Rua da Mooca se encontrava com tráfego na passagem da linha de trem, num momento de descuido meu, aconteceu o acidente de trânsito.

— Cara! Me lembro sim! – Lembra Celso. – Você nem tinha carta na época. Não sei nem como confiei de deixar meu carro com você. Bom, graças a Deus você ficou bem, senão não estaria aqui (risos). Como você fez para a polícia não levar o carro embora e nem te prender?

— Graças a Deus ficamos bem, Celsinho! A polícia nem apareceu, mas vou te contar quem me salvou – responde Santino. – Eu estava dirigindo e minha mãe estava ao meu lado, pois como eu ainda não tinha habilitação ela quis ir junto. O outro veículo bateu no seu carro, que eu estava dirigindo, mas como eu não tinha carta, minha mãe, numa atitude sagaz, mais do que depressa, saiu do carro e indagou o motorista do outro carro se ele tinha habilitação. Ela era muito esperta e percebeu que se tratava de outro jovem. No momento em que o menino começou a gaguejar e disse que não tinha habilitação, minha mãe disse: "Bom, então fazemos assim: você vai para sua casa e cada um conserta seu prejuízo", e assim aconteceu. Tenho que comentar a atitude da minha mãe. Pense numa mãe tomando conta de sua cria, com unhas e dentes, toda preparada para uma batalha. Ela saindo do carro, toda dona de si e da verdade, pois ninguém tocaria ou prejudicaria seu filho. Sinto muita saudade desde a partida dela, em julho de 2013.

— Santi, que história, hein! – Se admira Celso. – E ainda por cima, isso tudo foi no meu carro. Ainda bem que você é um cara honesto e coerente e pagou os prejuízos.

— Bom, meu amigo, foi assim que eu, ao lhe fazer uma gentileza, dando um volante de madeira que era do meu carro, acabei batendo o seu carro em outro veículo e, além do volante de madeira que te dei, também mandei consertar o estrago que fiz nele. Foi uma aventura incrível, não acha?

— Verdade, Santino! – Concorda Celso. – Seria engraçado se não fosse trágico (risos). Mas agora estamos numa nova história difícil e temos que fazer algo para ela não acabar de modo trágico.

Ambos já estavam sem esperança, já haviam se sentado, a idade já não colaborava tanto para caminharem longas distâncias. Também não tinham mais ideias que lhes parecessem viáveis para fazer. E quando tudo parecia perdido, eis que enxergam uma luz no fim do túnel, ou melhor, uma fumaça atrás das árvores. Embora estivesse um pouco longe, esse simples sinal os fez lembrar do que haviam combinado com seus amigos. Agora já não estavam mais desorientados, tinham uma direção. O desafio era chegar até o sinal, e não sabiam o que ainda podiam encontrar pelo caminho, mas retomaram suas forças, levantaram-se, ergueram a cabeça e seguiram a direção da fumaça. Santino, então, disse:

— Sabia que eles não iriam nos abandonar! Vamos lá, Celsinho. Estou muito cansado, imagino que você também, mas não podemos procrastinar. Não podemos deixar para depois o que devemos fazer agora.

— Certo, Santino, é isso aí! Atitude, nada de desânimo!

Passou-se mais meia hora do momento em que Santino e Celso haviam avistado o sinal, do outro lado da mata, na parte das clareiras. Eurides e Josildo já estavam cansados de esperar. Eurides olhava para Josildo, que de tanto sono intercalava entre cochilos e sustos, lutando contra o próprio corpo para não se entregar à vontade de dormir. Eurides, então, brincou:

— Josildo! Limpa essa baba, por favor, cara! Vai apagar essa fogueira e daí será ainda mais difícil dos rapazes encontrarem a gente!

— Cala boca, Eurides! Estou mais acordado que você. Estou apenas estou meditando, orando para eles chegarem mais rápido – responde Josildo com leve sorriso.

Sem nenhum sinal dos outros dois amigos, sentados e impotentes diante da situação, amedrontados pelos diversos barulhos da noite, eis que começam a escutar um ruído ainda mais forte, como se fossem passos arrastados em meio a galhos secos. Não sabiam se era de uma onça, de um veado ou de ladrões, ou mesmo de algo que lhes parecia ainda pior, como fantasmas ou extraterrestres. A vontade que lhes dava a princípio era correr, mas titubearam ao pensar que não adiantaria muito, poderiam chamar ainda mais a atenção do que quer que fosse que estivesse se aproximando. Então, pegaram duas toras de madeira que estavam no chão, próximas ao carro, e ficaram à espreita, na expectativa de enfrentarem a possível ameaça.

Quando estamos diante de uma ameaça, seja real ou imaginária, nossa mente, através das amígdalas cerebrais, envia comandos ao nosso corpo liberando doses de adrenalina e cortisona, substâncias que ajudam a vascularizar pernas e braços, o que nos auxilia numa eventual fuga ou mesmo num possível combate corporal. O medo não é de todo mal, muito pelo contrário, é uma emoção que, em sua essência, tem um papel importante na sobrevivência humana. Imagina se ninguém tivesse medo de nada, como seria? Ele nos ajuda a nos proteger dos perigos. O real problema do medo é quando permitimos que ele seja tão grande em nós que nos paralisa diante da vida e nos leva a deixar de fazer coisas importantes para nós; ou, quando o medo se trata de algo imaginário, irreal, que talvez jamais aconteça, mas, mesmo assim, damos importância exagerada a ele, sendo, nesse caso, uma ansiedade.

Mas lá estavam Eurides e Josildo, com toras de madeira nas mãos, atentos ao barulho que não cessava, cada vez mais perto, cada vez mais perto, quando, de repente, o som para trás das árvores e mato, bem próximo a eles, como se não tivesse mais nada. Ambos se olharam em silêncio, um de cada lado de onde o barulho havia parado. Mesmo com o sereno da noite, suavam sem parar, e percebiam suas pernas trêmulas como se a hora do combate tivesse chegado. Então, escutaram vozes distorcidas, como de filmes de terror ou ficção científica, numa conversa vinda da mesma direção:

— Já pegamos os dois que estavam na mata. Agora faltam apenas esses dois que estão ali, escutando a gente, na clareira. Vamos pegá-los agora e levá-los!

Josildo ficou extremamente assustado, o tremor aumentou ainda mais. Ele virou-se para o seu amigo Eurides e disse:

— Coooorreee, Eurides! São ETs! Eles já pegaram os rapazes e vieram nos pegar! Cooooorreeee!!!!

Eurides não sabia se ficava mais assustado com as vozes ou com o grito do Josildo. Seria mesmo real a história dos alienígenas de Araçoiaba? Ou seria alguma assombração? Eurides, então, disse para Josildo:

— Calma, cara! Calma! Pior será se forem fantasmas!

— Você é louco, Eurides? – questiona Josildo com a voz perceptivelmente alterada. – — Fantasma a gente reza e pronto, agora ETs não, eles vão abrir a gente para estudar, nos raptar, sei lá cara, vamos!

Josildo começa a correr e Eurides se afasta do local de onde vinham as vozes, quando, de repente, escutaram risos e uma voz:

—Vocês são muito frouxos mesmo, hein! Sessenta anos nas costas com medo de fantasmas e ETS? (risos).

AMIGOS E O TEMPO

Foi, então, que perceberam que seus amigos Celso e Santino haviam, enfim, retornado da expedição pelas matas.

— Ah... seus... seus... filhos de uma... mãe! – esbravejou Josildo com raiva, contudo, aliviado de ser apenas uma brincadeira.

— Vocês são loucos? Cara, a gente já está na faixa dos sessenta anos, nossos corações não aguentam mais esse tipo de coisa! – Reclama Eurides. – Estávamos aqui preocupados com vocês e vocês chegam fazendo isso?

— Calma, amigos! – Pede Santino. Temos uma boa e uma má notícia. Qual das duas vocês querem ouvir primeiro?

— Fala primeiro a ruim. Já estamos lascados mesmo! – responde Eurides.

— Bom... A notícia ruim é que não encontramos ninguém que tivesse como puxar a gente de guincho para tirar a gente daqui – informa Celso.

— Isso a gente já imaginava! Conta a boa! – Pede Josildo.

— A boa é que encontramos um velhinho que embora não batesse muito bem das ideias, deu para gente um mapa da região e esta sacola preta, que nem abrimos ainda, mas ele disse que acredita que o que tem aqui dentro vai nos ajudar a sair daqui – conta Celso.

— Cara, como assim vocês nem sabem o que tem aí dentro? E se for uma bomba? Um rastreador? Ou drogas? Ou algo pior? – questiona Eurides.

— Santino, Celsinho... Conte exatamente o que aconteceu com vocês. Como vocês encontraram esse homem? O que ele disse? Como ele entregou esse mapa e essa sacola para vocês? – Josildo pede explicação.

Eles contam tudo que aconteceu durante a busca por ajuda nas matas: o caminho de ida, o encontro com o homem, a história dos alienígenas, o recebimento do mapa e da sacola, o caminho de volta, enfim, todos os detalhes pertinentes ao momento.

— Poxa, gente! Que história mais maluca! Esse homem realmente não bate bem das ideias. Ainda bem que eu não fui com vocês nessa aventura! – comenta Eurides.

— Será mesmo que esse homem é louco? Ou nós que somos muito céticos? – pergunta Josildo.

95

— Tem razão, Josildo! Não temos como saber, embora ele fosse realmente estranho. Mas isso não importa agora. Devemos nos preocupar em ver como podemos sair daqui. — Celso levanta a questão enquanto desenrola o mapa sobre o capô do carro.

Todos se juntam ao redor do mapa na busca de entender a localização atual e qual caminho seria a melhor rota para encontrarem alguma avenida principal ou mesmo a civilização. A tarefa não parecia tão fácil, pois a única referência que tinham era a clareira e existiam outras clareiras na região. Após alguns minutos tentando compreender o velho mapa, Santino descobre uma informação e reflete:

— Gente, olhem só aqui! Tem uma anotação marcando exatamente onde aquele homem mora. Acho que passamos por esse riozinho aqui, após cruzarmos o rio, nos sentamos, foi quando vimos o sinal de fumaça e mudamos para esta direção. Caminhamos um tanto e chegamos aqui, nesta clareira.

— Muito bom, Santino! — Elogia Celso e aponta a localização. — Exatamente! Bingo! Encontramos a direção do mapa! Então, segundo nossa análise, estamos exatamente aqui, neste vão, que ele deu o nome de... Aeroporto Intergaláctico 11. Nome muito sugestivo esse, não gente?

— Bom, o importante é que agora sabemos onde estamos — Fala Josildo aliviado. — Olhem! Se estamos aqui neste lugar e vocês vieram dali, provavelmente, se sairmos da clareira e seguirmos aquela estrada à esquerda, vai dar nessa outra estradinha, que leva ao que parece ser uma estrada um pouco maior, que acaba onde?

— Na estrada da Fazenda Ipanema! Muito bem, Josildo! — responde Eurides animado com a descoberta.

— Então, pessoal, descobrimos por onde devemos ir, o que é muito bom, contudo, o carro está sem condições de sair daqui e agora? — diz Celso.

— Verdade, gente! O Celso tem razão. Não adianta sabermos por onde ir sem termos como ir... Vamos ter que pensar o que fazer, ver se algum dos celulares consegue capitar sinal de algum lugar para fazermos contato, sei lá! — Josildo considera uma nova opção.

— Vocês têm razão. Voltamos à estaca praticamente zero. Talvez, pela manhã, pensemos em ir a pé por essa estrada para buscarmos uma nova ajuda. Enquanto isso, vamos nos sentar, comer mais alguma coisa, até termos alguma ideia, nem que seja dormirmos por aqui. Gente, me lembrei de uma história aqui, que tem um pouco a ver com esta que estamos vivendo agora. Que tal? Posso contar? – propõe Santino.

— Cara, nós estamos sem cabeça para ouvir qualquer coisa agora... – responde Eurides.

— Pessoal, não vai adiantar nada ficarmos aqui, um olhando para cara do outro, sem fazermos nada. Por mim pode contar, Santino! – fala Josildo.

— Concordo tanto com Josildo quanto com o Eurides, mas como não temos melhor opção, conte aí... Qual história? – comenta Celso, dando o seu aval.

— Por maioria de votos, vou contar a história! Inclusive, essa história é minha e sua Eurides. Vamos ver se você vai se lembrar... – fala Santino.

3.10 A saga do Corcel marrom

— Pessoal, essa não é a primeira vez que a gente passa uns "perrengues" com carro. Pelo menos não para o Eurides e para mim. Lembra quando comprei aquele Corcel marrom do nosso colega, o Arnaldo? – diz Santino olhando para Eurides.

— Olha, cara... – responde Eurides pensativo. – Sendo muito sincero, ainda não estou me recordando. Me lembro de outros carros que você já teve, mas esse não. Refresque a minha memória.

Santino, então, começa a contar a história:

— O Arnaldo estava vendendo o carro dele. Eu gostei da oferta e acabei comprando. Naquele dia, a gente tinha trabalhado normalmente. Ele tinha levado na Antarctica e eu já queria levar para casa no mesmo dia. Chamei o Eurides, contei da minha nova aquisição, daí eu o levaria para a casa dele e depois iria embora. Bem, foi mais ou menos isso que aconteceu, mas bem diferente do que a gente imaginava. Saímos da Antarctica às 17h24. Me lembro como se fosse hoje, o Arnaldo tinha me entregado a chave do carro, me mostrou que estava funcionando, nos despedimos, Eurides se sentou ao meu lado no banco de passageiro e partimos rumo a casa dele.

— Puxa, Santino! Começo a me lembrar vagamente dessa história. Acho que foi um dia que eu fiquei muito bravo com a situação, mas depois rimos demais contando para os colegas – comenta Eurides com olhar de quem estava começando a se recordar.

— Exatamente! – Confirma Santino e continua: – Cara, daí, quando passávamos pelo Oratório, o carro morreu. Pronto, começou o estresse, a saga do Corcel 1 marrom estava instaurada. Tentamos ligar de um jeito, de outro, olhamos água, óleo, empurramos para ver se pegava no tranco e nada. Nessa altura, eu já estava esbravejando, arrependido do negócio que tinha feito, mas, enfim, não adiantava reclamar. Quanto mais a gente reclama mais longe ficamos da solução, então, arrumamos alguém para guinchar o carro. Naquela época não tínhamos o Google para pesquisar alguém para guinchar. Com muito custo encontramos um rapaz que se prontificou a nos ajudar. Amarramos os cabos para ele poder puxar a gente até a casa do Eurides. Chegando lá, colocamos o carro no fundo e daí mais um tempão para acharmos o mecânico e outro tempão para ele olhar todas as opções de porque o carro tinha morrido e não ligava.

— Isso! Era nessa história mesmo que eu estava pensando. O mecânico que foi em casa naquele dia era conhecido da minha família, ótimo mecânico! Naquele dia, ele passou das 22h para encontrar o problema, mas quando ele descobriu o que era... Afff! – Eurides aguça a curiosidade dos demais.

— Conta logo, Santino! – Apressa Celso. – Estou até imaginando que era uma coisa muito ridícula.

— Bom, Celsinho... – responde Santino segurando o riso. – Na verdade, na verdade, todos nós já estávamos muito cansados. Toda essa situação levou muito tempo, já passava das 22h e não tínhamos uma resposta. Até que, num certo momento, o mecânico olhou para a gente e perguntou: "Por acaso esse carro tem corta gasolina?". O Eurides olhou para mim com aquela cara de desconfiado, como se dissesse assim: "Diga que não, vai", mas no momento em que a pergunta foi feita, minha ficha caiu e me recordei que o Arnaldo tinha me orientado, no meio da conversa, a bater o pé abaixo dos pedais para desligar o corta gasolina. Mas gente... Quem nunca se esqueceu de alguma coisa?

— Está certo, meu amigo Santino. Quem nunca se esqueceu de algo? Mas não podemos desconsiderar que tínhamos almoçado na firma por volta do meio-dia e já era quase 23h e não havíamos comido mais nada – diz Eurides com entonação sarcástica.

— Poxa, Eurides! Te ajudei a fazer uma dieta naquele dia cara! (risos). O importante é que o problema foi resolvido. Está certo que aquele assunto rendeu mais um bocado depois, com você reclamando e esbravejando, porém, consegui chegar em casa quase no começo do outro dia, vivo e com o carro inteiro – Finaliza Santino.

Celso, então, põe-se a filosofar:

— Moral da história: numa situação difícil, antes de imaginarmos inúmeros problemas, pense mais um pouquinho para saber se o que parece ser um problema na verdade é uma solução.

— Verdade, Celsinho! Que não seja uma solução e até seja um tipo de problema, muitas vezes costumamos dar uma dimensão maior para as situações. O ideal é que nos momentos difíceis a gente esfrie um pouco a cabeça, porque as soluções que surgem são melhores – Complementa Josildo.

— Cara... Boa reflexão, Jô! Essa história me fez pensar em algo agora! Nós, aqui, tão nervosos com toda essa situação, não paramos para ver as coisas mais óbvias – comenta Eurides, e lança uma pergunta: – O que aconteceu com o carro? Qual foi o problema?

— Bem, na verdade, o pneu estourou e a roda amassou quando passamos pelas pedras. Então, o carro começou a raspar no chão e ia acabar com todo o carro se continuássemos – responde Santino.

— Então, Santino! – fala Eurides, levantando uma questão: – Quantos pneus estouraram? O que é mais óbvio de se fazer quando um pneu estoura?

— Apenas um... Puxa! Trocar o pneu? – Santino responde, devolvendo a pergunta com expressão de quem sabia onde Eurides queria chegar.

— Não acredito, meu! Sério? – fala Celso indignado. – Ficamos aqui quase quatro horas em apuro, quatro marmanjos bem vividos, cheios de histórias, e ninguém pensou nisso?

— Não, não vou nem comentar! – diz Josildo, já comentando. – Pior que nem podemos falar mal só do Santino porque ninguém se lembrou!

— Agora não adianta discutirmos sobre quem estava errado ou certo. Essa é mais uma prova de que sob agitação e nervosismo poucos resultados temos, nossa mente fica menos vascularizada, os pensamentos ficam ruins. A melhor coisa é se acalmar para refletir melhor. Agora vamos à ação! Santino, abre o capô, vamos pegar o estepe! – orienta Eurides.

Todos, então, movimentam-se em torno do carro na tentativa de acelerarem a troca do pneu. Retiram o estepe do carro e começam a procurar as ferramentas para trocá-lo. Encontram o macaco, conseguem suspender a parte do lado afetado e na hora de trocarem as rodas, percebem que a chave de roda não estava em nenhuma parte. E agora? Como conseguiriam trocar a roda sem essa ferramenta essencial? Perceberam que sempre que um problema era resolvido, aparecia outro. Eles já estavam cansados, já não aguentavam mais. Não tinham mais energia para procurarem ajuda, nem mesmo para voltar no homem da casinha velha. Santino, então, lembrou-se:

— O homem! Pessoal! O homem!

— O que é que tem o homem, criatura!? – pergunta Eurides.

— Não, Santino! – discorda Celso sem ao menos esperar a conclusão do raciocínio. – Não vamos voltar lá de novo. É muito longe daqui. Estou arrebentado de canseira, sem condições!

— Ah, Santino... Eu também não me atrevo a ir com você – fala Josildo.

— Calma, pessoal. Vocês nem esperaram eu terminar o raciocínio. O homem disse para o Celso e para mim que naquela sacola preta estaria a chave para tirar a gente daqui. Vocês entenderam? A chave! A gente conversou e nem viu o que tem lá dentro. Quem sabe nos ajude, o que quer que seja que tenha lá dentro?

Todos, então, concordaram em abri-la. Santino pega a sacola preta, encontra o zíper, que emperra, mas ele força um pouquinho e consegue abrir. Para a surpresa de todos, eis que tinha exatamente uma chave de roda e um bilhete dizendo: "Eles me avisaram". Os quatro manifestaram sentimentos ambivalentes, entre espanto e alívio. Será que toda aquela história que parecia absurda era verdade? Naquele momento, o que importava era que tinham, literalmente, a chave que poderia tirá-los daquele lugar. Josildo começou a afrouxar os parafusos, enquanto Eurides preparava o estepe. O pneu estourado é retirado, Eurides coloca o novo, Celso pega a chave de Josildo e aperta os parafusos, deixando a roda firme. Enfim, o problema parecia ter sido resolvido.

Todos ficaram muito felizes e emocionados, perceberam que embora sentissem que todos os problemas e obstáculos do mundo tinham surgido contra eles, contraditoriamente, muitas coisas conspiravam a favor, compreenderam que as soluções muitas vezes estão debaixo de nossas vistas e a ansiedade nos cega, bem como também puderam sentir que as soluções vão surgindo à medida que nossos olhos estão abertos para captarem as possibilidades.

E, assim, estavam prontos para o novo desafio, que era conseguirem seguir as informações do mapa e chegarem à via mais conhecida. Guardaram todas as coisas nas bolsas, vasilhas, utensílios e tudo mais, colocaram tudo dentro do carro, acomodaram-se, colocaram o cinto de segurança e, enfim, seguiram o caminho, confiantes de que chegariam ao seu destino.

CAPÍTULO IV
O TRIUNFO DOS QUE PERSISTEM

4.1 É preciso celebrar a vida

A vida é, de fato, uma caixinha de surpresas. Não sabemos ao certo o que esperar de cada momento. Existe uma frase de Jean-Paul Sartre muito profunda que diz assim: "Não importa o que fizeram com você. O que importa é o que você faz com o que fizeram com você". Podemos ampliar essa frase para a vida como um todo.

Somos peritos em atribuir culpas às pessoas, situações e coisas, falamos em sorte ou azar, mas dificilmente encaramos a responsabilidade dos eventos da vida de um modo construtivo. Muitas vezes, os obstáculos surgem nas nossas vidas de modo natural, como acontece a qualquer pessoa. Não há um complô universal contra nós, apenas fatos a serem compreendidos, se existe ou não algo adequado que se possa fazer. Se houver algo positivo para ser feito, faça, mas se não há mais nada a se fazer, a situação já está resolvida, sendo necessário aceitar a dor e se abrir às novas situações, aquelas que ainda precisam de nossas ações.

Assim, os quatro cavalheiros da Antarctica, em meio a um grande obstáculo, sobrepondo seus próprios limites, buscaram a resiliência para fazerem de um momento inesperado uma oportunidade para aproveitarem. Contudo, não podiam permanecer alheios à necessidade que a situação lhes colocava e foram atrás de possibilidades para enfrentar os obstáculos. Não foi fácil, precisaram sair da zona de conforto, superarem o medo, tomarem decisões difíceis, reconhecerem as falhas e os obstáculos para conseguirem resolver o problema.

Embora não fosse hora de contar vantagem, pois ainda tinham que sair com o carro daquela mata, já estavam muito felizes, pois enxergavam a oportunidade de alcançarem o objetivo daquela noite, que era chegar à chácara. Seguiam, então, fidedignamente as orientações do mapa que haviam conseguido. As estradas não eram as melhores, mas com paciência e cautela conseguiam encontrar os melhores trechos para percorrerem em meio aos buracos.

— Calma aí, viu Santino – Pede Celso apreensivo. – Agora que a gente já sabe o caminho é mais fácil irmos devagar nesses buracos.

— Fica tranquilo, meu amigo! – responde Santino. – Sou piloto de primeira!

— Ah, com certeza! Todos sabemos disso! – comenta Josildo ironicamente.

Cerca de quarenta minutos depois, eles percebem a estrada ficando um pouco mais larga e iluminada. Eurides, então, começa a reconhecer o caminho:

— Pessoal! Agora estou reconhecendo essa estradinha, essas árvores! Vejam ali na frente! Já tem algumas casinhas! Agora é só seguir esse caminho "toda vida" e vamos sair na estrada principal. Daí eu conheço bem o caminho.

— Maravilha, Seu Eurides! Então, vamos em frente! – Motiva Santino.

Ao chegarem à via principal, todos se animaram. A essa altura, eles já tinham uma visão positiva da situação, mas também estavam muito cansados, pois já eram quase três horas da manhã e ainda não haviam chegado.

— Pronto, amigos! Agora sim estamos no caminho certo! Precisamos comemorar! Vocês já pensaram que poderíamos não ter conseguido sair de lá? Que poderia ter acontecido algo conosco? – Reflete Eurides.

— É preciso celebrar a vida, gente! – exclama Santino. – O que tivemos foi um livramento! Agora que passamos por essa situação, que poderia ter nos colocado em sérios riscos, percebemos o quanto ainda somos apaixonados pela vida. Já não somos tão jovens assim, já passamos por muitas dificuldades, mas enquanto a gente respirar, 'bora' viver! 'Bora' comemorar!

— Verdade, meninos! Vamos comemorar sim! Mas antes disso vamos dormir, que estamos caindo de sono! Senão a gente vai amanhecer boiando na piscina, com vários urubus em cima – diz Josildo brincando.

— Rapaz! Não fale isso nem de brincadeira! Vamos dormir sim, assim que a gente chegar! – comenta Celso.

Pouco tempo depois, após terem encontrado o caminho, enfim chegaram ao tão esperado destino. Eram perceptíveis na expressão do rosto de cada um deles o alívio, a sensação de terem alcançado um objetivo difícil, um misto de sorriso com exaustão. Eurides, então, abriu os portões para o carro entrar, seguiram até o local adequado para estacionarem, todos desceram do carro, cada um pegou parte da bagagem e se direcionaram para a casa. Quando chegaram próximo à porta de entrada, Eurides coloca as mãos nos bolsos, como se procurasse por algo e não encontrasse, olha para os demais e diz:

— Pessoal, vocês prometem que não ficam bravos comigo se eu disser algo para vocês?

Todos se olham com olhar de indignação apenas de imaginarem o que Eurides podia lhes falar. Celso, então, comenta:

— Olha, amigo, desde que não seja que você esqueceu a chave da porta, tudo bem!

— Celsinho, acho que o Eurides não iria nos dizer uma coisa dessa agora. Ele arruma tanto essa barba, parece ser um rapaz tão vaidoso, não iria querer umas marcas roxas espalhadas no rosto, não é mesmo? – Brinca Josildo.

— Cara! É melhor você dizer logo o que tem para dizer! – fala Santino.

— Calma aí, pessoal! Só ia dizer que acabou a bateria do meu celular e eu queria muito registrar esse momento da gente chegando aqui após todas as nossas aventuras. Alguém ainda tem bateria no celular?

— Ah, bom, Eurides! Que susto! (risos). Cara, acho que ninguém mais tem carga no celular, porque usamos o caminho inteiro e ficamos tentando conectar todo o tempo naquela mata – responde Celso.

— O meu também está zerado! – responde Santino.

— Somos quatro então, porque eu também não tenho mais bateria nenhuma no meu. Aliás, nem eu e nem meu celular – comenta Josildo.

— Bom, amigos, se é assim, então vamos entrar. Amanhã a gente continua a farra e tira algumas fotos. Coloquem seus celulares para carregar – orienta Eurides.

Eurides, assim, acomoda seus amigos em seus respectivos lugares. Cada um apenas organizou suas próprias coisas de qualquer jeito, colocaram as carnes e bebidas na geladeira e sem delongas foram dormir, cerca de 3 horas e cinquenta minutos da manhã. Pelo sono que estavam, poderiam virar o dia dormindo, mas como queriam aproveitar o passeio, por volta das 10 horas da manhã todos já haviam acordado e, aos poucos, começaram a se levantar. E Eurides começa a falar:

— Bom dia, flores do dia! Segundos depois que vocês se deitaram ontem, quem ouvisse de fora certamente pensaria ser a invasão de alienígenas a uma pocilga de porcos devido aos ruídos estrondosos dos roncos. Ainda bem que os vizinhos moram um pouco afastados.

— Exagerado esse Eurides, gente! Por volta das seis da manhã acordei devido a um sonho que eu estava tendo com uma serra elétrica. Quando olho para o lado era o Eurides roncando. – Brinca Celso.

— Pensa num povo que aumenta, hein! – diz Josildo. – Eu nem ronco! Pelo menos, eu nunca ouvi (risos).

— Bom, gente! Roncos à parte, acordei com uma fome daquelas! – fala Santino com olhar ansioso pelo café da manhã.

— Cara, eu não vou fazer tudo sozinho para marmanjo não. Santino pega os pães que colocamos no armário, Celsinho pega os frios que a gente trouxe na geladeira, E Josildo faz o café – orienta Eurides.

— E você, bonitão? Vai ficar só olhando? – indaga Celso.

— Celsinho, eu sei que você é meu fã, pena que eu não possa dizer que você também é bonitão (risos). Bom, eu vou limpar a mesa e estender a toalha – responde Eurides brincando com o amigo.

Mesa posta, café pronto, pães e frios à mesa, os quatro se sentam e começam a tomar o café da manhã. Estavam com fome, afinal, na noite anterior tinham comido apenas alguns pedaços de carne que haviam assado na mata. Manifestavam alegria naquele momento, pois estavam partilhando entre amigos e tinham saído vivos de uma grande aventura. Em meio àquele clima agradável, já começam o dia no propósito e iniciam a recordação de uma nova história.

4.2 Viagem para Uberaba

¾ Gente, eu estou contando poucas histórias, mas me lembrei de uma agora que vale a pena contar. Não me lembro ao certo o ano em que ela ocorreu, mas me lembro de que eu tinha um Passat amarelinho e fomos para Uberaba, na casa da família de um amigo. Nessa viagem o Josildo não foi – fala Celso.

— Na verdade, esse amigo era eu, Celsinho! – Reivindica Santino. – Minha mãe morou lá por um tempo. Tá ruim de memória, hein! Vamos comprar ômega 3 para o Celsinho, gente!

— Verdade, Santino! – Confirma Eurides. – Sua mãe morava lá, só que como o Silvio foi com a gente, ele tinha um tio que também morava lá. Daí ficávamos revezando entre as duas casas.

— Poxa, verdade! – Recorda Santino. – O Silvio também tinha família em Uberaba e estava conosco nessa viagem.

— Verdade, me lembro de que alternávamos entre duas casas. Bem, o meu carro era o único que tinha condições de viajar... – fala Celso. – Então, na ida eu que fui dirigindo.

— Até aí tranquilo. O Celsinho foi dirigindo, conseguimos chegar ao local, nos acomodamos em alguma das casas. Comemos comidas deliciosas. Posso dizer que a culinária mineira é formidável – comenta Eurides. – Mas relembrem o Josildo do que aconteceu com o Celsinho nessa mesma viagem.

— A situação seria engraçada se não fosse trágica. – Reflete Celsinho, e diz: – Eu mesmo faço questão de contar. Um dia estávamos passeando pela cidade de Uberaba totalmente tranquilos, acho até que nem havíamos bebido, quando, de repente, eu pisei com o pé direito num palito de churrasco e ele se levantou. Como eu estava andando, o palito entrou direto no meio do dedão do outro pé e ficou encravado lá... Imaginem só a quantidade de sangue que saiu... Foi muito sangue. – Relembra Celso, expressando em seu rosto a angústia do momento.

— Cara! Hoje, a gente contando, até rimos com essa história, mas na época deu um desespero imenso. De fato, pareceu algo bem grave. Penso que poderia ter causado danos maiores dependendo de onde pegasse ou mesmo se demorássemos mais para cuidar do ferimento – comenta Santino.

— Só de vocês contarem já dói. Mas o que vocês fizeram quando isso aconteceu? – pergunta Josildo.

— Os meninos me pegaram no colo em forma de cruz, um de cada lado, e me levaram para a casa em que estávamos, onde a irmã do nosso amigo Silvio cuidou de mim. Ela foi um verdadeiro anjo para mim naquele momento.

— Pois é, Celsinho. Você tem que respeitar a gente, viu... Te carregamos no colo! – Brinca Eurides.

— Claro, tio Eurides! Você também, tio Santino! Vocês são o máximo. – Celsinho entra na brincadeira.

— Cara, amigo é para essas coisas, confraternizamos nos momentos felizes e nos ajudamos nos momentos difíceis – fala Santino.

Meninos, lembra quando estávamos voltando? – pergunta Celsinho. – Todos cansados, bem exaustos da viagem, acho até que era o Eurides quem estava dirigindo. Eu estava no banco detrás com o Santino e do lado do Eurides estava o Silvio. Estávamos até dormindo quando, de repente, do nada, o Santino começou a gritar: "Olha o cavalo! Olha o cavalo!". Silvio e eu acordamos super assustados, sem saber o que estava acontecendo, desesperados. olhando de um lado para o outro... E não tinha absolutamente nada na pista... O Eurides ficou ainda mais branco. Imagina para ele que estava ao volante... Nós éramos todos novos de carta...

— Celsinho, mas me responda uma coisa, cara. Como você conseguiu fazer essa façanha de enfiar um espeto de churrasco no dedão do pé? Como você conseguiu fazer isso? (risos). – Eurides tira sarro.

— Ah, cara... – responde Celso em tom de brincadeira. – Acontece! Isso é para poucos, só para os mestres mesmo. Mas você está aí, tirando o sarro, mas nem pode falar nada. Conta para eles a história da loira do banheiro. Lembram da lenda da loira do banheiro? Que diziam que ela "pegava" os novinhos e tinha até algodão na boca, já que seria uma defunta.

— Loira do banheiro?! – pergunta Josildo, espantado, mas já esboçando um sorriso.

— Poxa vida, Celsinho! – exclama Eurides. – Assim você queima o meu filme, garoto. Está certo, deixa eu explicar o que aconteceu. Essa viagem ocorreu em época de Carnaval. Tinha uma menina amiga do pessoal do Silvio que me encantou. O nome dela era Débora. Celsinho, Santino, Silvio, alguns primos e primas dele, essa menina e eu fomos num clube, num baile de Carnaval. Imaginem só... A menina que eu estava gostando estava dando mole para mim, cantou até uma música olhando para mim quando eu passei pelo lado dela. Mas eu era muito mole e não tive coragem de fazer nada. E pior, quando menos espero, uma loira me agarrou e me monopolizou. Era prima do Silvio. Ela me segurou pela mão, me levou para o banco de uma pracinha lá perto, deitou minha cabeça no colo dela e me beijou. Nisso eu não tinha coragem nem mesmo de abrir os olhos, com medo de ter um algodão na boca dela (risos). Daí os meus caros amigos me salvaram, se aproximaram da gente e me chamaram: "Hei, Eurides! Vamos embora! Vamos embora! Já estamos indo". E foi essa a história. Os caras me salvaram da loira do banheiro (risos).

4.3 Hulk e o armário

Pessoal, vocês se lembram do dia em que fomos na casa do Heitor e dormimos lá? Ou melhor, vocês se lembram do Heitor? – pergunta Santino pensativo.

— Claro que me lembro do Heitor, mas eu não me lembro de ter dormido por lá. Me recordo que vocês me contaram sobre esse dia e que não foi muito legal o que houve. –Lembra-se Josildo.

— Bom! Eu também me lembro do Heitor, mas também não estava nesse dia em que dormiram – diz Celso.

— Então, Santino, acredito que daqui fomos apenas nós dois, mas também foi o Hulk e mais outros colegas. Na época, o pai do Heitor possuía um apartamento na Praia Grande. Era até um apartamento grande, me recordo que dormimos em beliches – fala Eurides.

— Exatamente, Eurides. É justamente do Hulk que eu vou contar – diz Santino, começando a rir. – Após passarmos um dia bem gostoso e divertido na praia, até então tudo tranquilo, após nos deitarmos e dormirmos, cada um em seu beliche, o Hulk reclamou para mim quase chorando que estava com muita dor de dente.

— Até imagino a cena. O Hulk tinha esse apelido justamente porque parecia o próprio Hulk, "grandão". Imaginem ele reclamando de dor de dente... – Pensa Celso em voz alta.

— Então... A história não parou por aí. – Continua Santino. – Ouvindo a reclamação do Hulk, eu quis ajudá-lo e lhe disse: "Vai na cozinha e coloca um pouco de pinga no algodão e coloque em cima do dente para amortecer a dor". E assim ele fez. Após alguns minutos, ouviu-se um grande estrondo seguido de quase três minutos de vários outros estrondos menores. Parecia uma cena de tiros do faroeste. Todos acordaram. A princípio ficamos no quarto estáticos e notamos que o Hulk não estava no quarto. Quando acabou o barulho, veio aquele silêncio. Daí olhamos assustados um para a caras do outro, então eu perguntei: "Hulk? Tudo bem?".

— Acredito que nesse momento ninguém tinha coragem de sair para ver o que ocorreu, pois poderia ser um assaltante ou algo assim. O Eurides, por exemplo, tem medo até de fantasma! – Brinca Celso.

— Não, mas dessa vez não era fantasma não! – Santino responde a brincadeira e dá sequência: – Logo que eu perguntei ao Hulk se estava tudo bem, ele respondeu chorando: "Ai, ai, ai. Bati minha cabeça no armário. Ai, ai, ai!". O coitado tinha ido apenas buscar um algodão para pôr no dente, mas como estava escuro, ele era grande e talvez não prestou atenção, após pegar o algodão numa das gavetas e levantar a cabeça, bateu no armário. Vocês acreditam que o armário descolou e caiu na cabeça dele? Ele tentou segurar para ver se salvava alguma coisa, mas todo armário veio abaixo, quebrando os pratos e copos, alguns bem caros, outros de recordação caíram e se espatifaram no chão.

— Imagino o prejuízo que deve ter sido para o pai do Heitor – disse Josildo com olhar de espanto.

— Ah, cara! Você nem imagina, pois foram muitas coisas que caíram. Imagina a cara de desespero do pai do Heitor quando soube que todas as suas louças quebraram. Ele, inclusive, chegou a chorar. Soubemos que ele ficou com tanta raiva que não queria ver a gente nem pintado de ouro – conta Eurides.

— O Hulk ficou com muita vergonha, pobre garoto. Nós também ficamos muito sem graça, com vergonha alheia. Estávamos todos juntos, então, de certa forma, foi algo que afetou a todos. Nem voltamos mais lá. Eu, sinceramente não sabia se ficava com mais dó do Hulk ou do pai do Heitor – Complementa Santino.

— Isso acontece com todos. Certamente, não foi porque ele quis. Em algum momento, todos nós cometemos falhas, ou mesmo passamos por esse tipo de acidente. O importante é sabermos reconhecer e pedir desculpas. Embora as desculpas não trouxessem a louça de volta, ao menos era uma demonstração de reconhecimento do que ele fez de "errado". Depois dessa, acredito que o Hulk dificilmente voltou a cometer algo assim, deve ter redobrado a sua atenção. – Reflete Celso.

— Tem razão, Celsinho, mas esse fato tem vários lados: o filosófico, o trágico e o engraçado. Ainda bem que entre mortos e feridos, todos saíram vivos – disse Josildo fechando a história.

4.4 Brincadeiras têm limite!

— Agora me lembrei de mais uma memória bem antiga, pessoal! – Começa Josildo uma nova história. – Era dezembro de 1977, havíamos ido a um jantar da contabilidade da Antarctica e, após esse evento, resolvemos ir à praia, no apartamento do pai do Cesar Glosan.

— Minha nossa, Jô! – Recorda-se Eurides com surpresa. – Lembro que nessa noite, até mesmo o Sr. Jaime Domingues Cainé, que era chefe da Contabilidade Geral, pediu para não irmos, porque tínhamos bebido. Bom, antes não tivéssemos ido mesmo, mas a bebida, nesse caso, foi o de menos.

— Estou me lembrando dessa história... – fala Santino pensativo, puxando pela memória. – Foi uma vez que, inclusive, descemos no Fusca do Darci?

— Isso, Santi! Exatamente! – Confirma Josildo, e completa: – Ele, guiando, Cesar, Eurides, Santino e eu como passageiros. Em outro carro, algum tempo depois, no Corcel do Abrão, estavam Ismael, Vagner e Alan. Tenho dúvidas se nesse outro carro também estava o Pedro Braga ou o Salvador. Vocês se recordam?

— Nesse caso era o Salvador! – responde Santino.

— Muito bem, Santino! – Segue Josildo. — Depois de algum tempo, eles chegaram com uma caixa de bebidas da Dubar. Nossa turma estava com sono, fomos dormir no quarto e fechamos a porta, que tinha uma fechadura antiga. A turma do Abrão ficou jogando e bebendo na sala, começaram a apostar, sei lá o que mais. Depois de algum tempo fizeram uma aposta de quem perdesse iria ter que abrir a porta do nosso quarto. Como o Ismael perdeu, ele colocou um jornal por baixo da porta e cutucou a fechadura até a chave cair. Abriram a porta, pegaram todas as peças de roupa que tínhamos tirado para dormir e levaram para sala. Eu, por exemplo, estava de calça e sem camisa, Cesar de camisa e cueca e, assim, cada um ao seu jeito.

— Filhos da mãe! – exclama Eurides, rindo de nervoso. – Me lembro de cada detalhe.

— Então você deve se lembrar da melhor parte! – Supõe Josildo, com tom irônico. – Pegaram óleo de soja, jogaram no sapato que eu tinha acabado de ganhar de minha namorada na época, passaram pasta de dente no rosto de todos nós, fecharam a porta e voltaram a jogar e a beber.

— Não acredito numa coisa dessas! – Espanta-se Celso. – E vocês não fizeram nada?

— Estávamos capotados de sono e, claro, bêbados. Nem ouvimos quando eles fizeram tudo isso! – responde Josildo. – Em algum momento, o Cesar acordou e me chamou, falando o que tinha acontecido, daí todos acordamos. Como o apartamento era no térreo, o Cesar teve a ideia de pular a janela e dar a volta, entrando pela sala. Pediu minha calça e foi. De repente, ouvimos uma gritaria e muitas risadas. Estavam segurando e amarrando o Cesar. Daí largaram ele amarrado e foram embora.

— Cara! Me lembro que tivemos que esperar o Cesar se desamarrar, procurar a chave e abrir a porta. A sala estava uma verdadeira zona, papel higiênico preso em pregos, quadros e onde desse para prender. Euridão ficou desesperado, pois a camisa de seda que ele estava usando era do Lair, seu irmão mais velho. Como não conseguimos desfazer o nó da camisa dele, ele teve que cortar as mangas – conta Santino com ênfase.

— Isso, para mim, não foi brincadeira, foi uma selvageria. Tudo tem um limite e os limites precisam ser respeitados. Sempre gostei de brincar, mas nesse dia fiquei muito nervoso. Por isso que ao brincarmos com alguém, primeiro devemos considerar o que essa pessoa vai sentir ao receber a brincadeira. Você pode achar graça de uma situação e a outra pessoa não. Hoje, a gente fala sobre isso e até ri, os caras são pessoas bacanas, mas poderia ter tido consequências sérias – fala Eurides.

— Depois de tudo, ainda tivemos que organizar todo o apartamento! – Prossegue Josildo. – Fomos embora na esperança de alcançar aquela cambada de filhos da mãe. A Imigrantes tinha sido inaugurada havia pouco tempo e subimos por ela. Isso foi a sorte deles, pois eles subiram pela Anchieta. Tinham bebido tanto que pararam em um ponto de apoio da Serra da Anchieta e dormiram no carro.

— Lembro que na segunda-feira, cada um de nós que entrava na Contabilidade olhava para cara do outro e começava a rir... – relata Eurides e explica: – Rir de raiva, para não socar a cara de um (risos).

— Vejam pelo lado positivo, pessoal. Sei que a vontade era de "arrebentar eles na porrada", mas se tivessem feito isso, poderia ter acontecido coisas mais graves, que gerariam consequências muito negativas. Agir puramente pela emoção é um caminho perigoso, precisamos equilibrar o que pensamos, sentimos e fazemos. – Reflete Celso.

Após fazerem o desjejum, eles levantam-se e seguem para o lado de fora da casa para respirarem um pouco de ar puro. Antes de acompanhar os amigos, Santino diz:

— Vou lavar a louça agora antes que o capitão Euridão mande, aproveitando que ainda estou com pique. Na próxima vez, outra pessoa lava, viu?! Trabalho em equipe aqui hoje!

— Esperto esse Santino, hein! Só porque agora é menos louça para lavar. – Brinca Eurides, respondendo a provocação.

Todos então do lado de fora, caminham pela área verde experimentando o contato com a natureza, o ar puro, pássaros cantando, cheiro de mato, de terra molhada. Caminham sem direção, mas sem estarem perdidos, apenas contemplando o lugar, conhecendo-o. Vivemos numa selva de pedras, o homem invadiu o espaço da natureza em nome do progresso. O desenvolvimento é necessário, mas o homem, em sua essência, é parte da natureza, e quando se volta para ela é como se naquele momento se sentisse parte de um todo. Os quatro amigos caminharam livremente por um tempo. Entre uma conversa e outra, sentavam-se, descansavam um pouco, até que Eurides propõe:

— Pessoal, vamos aproveitar o tempo bom que está fazendo para irmos à piscina? Ponham suas sungas, vou colocar as cadeiras mais perto da piscina, colocar uma mesinha aqui com algumas bebidas, tipo Toddynho, chá de capim santo e caldo de cana. Fiquem à vontade para se servirem, viu! Logo mais a gente acende a churrasqueira e assa uma carninha.

— Estou até imaginando esse caldo de cana, Eurides! – comenta Josildo ironicamente. – Bom, mas como acabamos de tomar café, depois assamos a carne. Deixa o "bucho" diminuir um pouco.

E, assim, começam a se divertirem igual quatro crianças, jogando água uns nos outros, derrubando quem estivesse fora para dentro da piscina, disputando para ver quem dava o melhor mergulho, enfim, redescobrindo a criança escondida dentro de cada um.

4.5 Memórias das conquistas

O tempo ia passando e a hora avançando. Já era próximo a uma hora da tarde quando eles resolveram sair um pouco da piscina e foram ao espaço onde ficava a churrasqueira. Quando fazemos algo que nos dá prazer, esquecemos do tempo, as horas passam e nem ao menos percebemos, por isso é sempre bom buscarmos atividades que nos deem prazer, que promovam a satisfação, que nos tornem mais leves. Isso ajuda na produção de dopamina, de serotonina e outros neurotransmissores, que trazem ao nosso corpo o bem-estar. Mas, agora, a fome havia apertado novamente, o corpo reclamou e a vontade de comer surgiu outra vez. Santino, então, diz aos demais:

— Galera, está muito bom ficar aqui nesta piscina, mas se ficarmos mais é capaz que o churrasco saia para o jantar. Eurides, onde está o carvão? Quem aqui é o "cabra macho" que vai acender a churrasqueira hoje?

— Opa! – Pronuncia-se Eurides. – Pode deixar que a churrasqueira eu acendo, senão é capaz de vocês colocarem fogo em tudo. Daqui a pouco até a guarda florestal aparece por aqui. E outra, sou sempre eu quem fico nessa churrasqueira quando o povo vem aqui. Hoje quero folga, alguém ficará cuidando das carnes.

— Eu voto no Santino! Ele quem gosta dessas coisas de cozinha! – fala Celso, levantando a mão.

— Ah, cara! Eu também voto em você, Santino! O Celsinho tem razão! – Concorda Josildo.

— Tudo bem amigos, tudo bem! – responde Santino. – Então, mãos à obra! Eurides acende a churrasqueira, Celsinho pega as carnes, Josildo pega os apetrechos, pratos, tábua, faca e afins e eu fico na churrasqueira.

Todos, então, concordaram e começaram a fazer suas tarefas. Algo bonito de se ver entre amigos é o espírito de coletividade. Como dizia naquele antigo filme *Os três mosqueteiros*: "Um por todos e todos por um". Assim, os quatro cavalheiros da Antarctica colaboravam para que pudessem se deliciar com um saboroso churrasco.

Na churrasqueira, Santino colocou para assar um pouco de contrafilé e algumas linguiças, e deixou para depois as asas de frango, queijo coalho e pão de alho. Enquanto os primeiros pedaços do churrasco ficavam prontos, continuavam a conversar, falavam sobre a vida, assuntos aleatórios, contavam piadas. Chegou um momento em que as brasas ganharam força. O próprio calor da brasa, ao assar a carne, tira dela a gordura e esta, por sua vez, colabora ainda mais para que as brasas aumentem o calor. Esse processo é como a vida. No começo precisamos focar nos objetivos e nos motivarmos por eles. Com nosso esforço e dedicação, ao passar o tempo podemos perceber a vida nos devolvendo pequenos frutos de nosso empenho e isso se torna combustível para avançarmos ainda mais.

Existem pessoas que querem que o churrasco fique pronto antes mesmo de acenderem a churrasqueira e sofrem pela demora. Tudo nesta vida é um processo, o imediatismo nos frustra. É preciso entender que, no começo, demora para pegar fogo no carvão. Depois disso, para sair a primeira rodada de carnes demora um pouco, então o calor aumenta e as coisas começam a andar mais rápido. E, assim, o churrasco entre amigos começava a fluir de modo bacana e eles podiam confraternizar e apreciar uma boa comida. Sentados à beira da piscina, num sol agradável, ar puro, comendo churrasco, bebendo algo, começaram a se recordar de uma história interessante que envolveu os quatro amigos. Santino começa a falar:

4.6 Saudoso XARESA

¾ Amigos, vamos lá! – Agita Santino. – Aproveitando que estamos aqui, à beira desta piscina maravilhosa, com esse sol lindo, céu azul, vocês tomando uma cervejinha, eu na minha caipirinha e comendo churrasco, sabem do que me lembrei agorinha? Do XARESA! Todos aqui, de certa forma, estávamos envolvidos nessa empreitada. Mesmo o Celsinho, que era o único que não estava envolvido diretamente com esse negócio, sempre estava lá como cliente assíduo, sendo nossa cobaia em muitas ocasiões, provando todas as bebidas que fazíamos, em especial as caipirinhas, "seu calcanhar de Aquiles". Alguém aqui se lembra do ano que começamos com o XARESA?

— Puxa, Santino, bem lembrado... Tenho ótimas lembranças do XARESA. Embora essa passagem me faça lembrar daquele velho ditado "Amigos, amigos, negócios à parte", foi bem bacana essa experiência. Me recordo que foi em 1983 que inauguramos o XARESA. Eu já era casado, Josildo também, só você era solteiro ainda, mas namorava a Denise – Relembra Eurides.

— XARESA... Nossa! Pensa numa grande aventura! – Recorda Josildo. – Todo mundo duro, querendo arrumar uma segunda fonte de renda, ninguém sabia nada de cozinha. Apenas o Santino sabia um pouquinho, mas porque o pai dele já tinha tido restaurante, e mesmo assim era daqueles que deixava até o arroz queimar e derramar o leite.

— Opa, Jô! – Reivindica Santino. – Isso não é verdade. Até hoje sou um verdadeiro chefe de cozinha. Até macarrão artesanal e vinho eu sei fazer. E não podia ser diferente, sou filho de um excelente italiano. O Eurides também não ficava atrás. Lembram do arroz com salsicha da praia? Ele era especialista nessa receita, só fazia aquilo (risos). Mas brincadeiras à parte, tenho boas recordações de lá. Eurides e eu estávamos apertados devido à faculdade, Josildo também estava se estruturando, considero que foi um investimento válido, embora nada lucrativo, mas isso só descobrimos depois.

— Verdade, Santino! – Confirma Eurides. – O investimento foi bem válido mesmo, mas como experiência. O engraçado foi quando pensamos em começar. Como já dissemos, estávamos bem duros. Calculamos quanto precisava para iniciar o negócio, o valor era X, daí não tínhamos esse x, precisávamos de um terceiro sócio. Convidamos o Celsinho e ele nos disse "Vou pensar" e nada. Depois o Pelison, a mesma coisa.

— Cara, pelo que estou entendendo eu fui o último dos últimos a ser chamado. É isso?! Tipo a última opção – reclama Josildo.

— Calma, Jô! Que ainda teve mais um. Chegamos no Pestana e ele também nos disse: "Deixa eu pensar", e mais uma vez a resposta foi "Não". Nisso, a gente já estava tão cansado de levar "não" que pensamos: "Agora só falta o Josildo", e assim fizemos. Quando conversamos com você, já chegamos dizendo: "Você topa?", e você disse: "Topo". Você nem ouviu o que era e já topou de primeira. Depois que contamos certinho a nossa proposta, daí que você se empolgou mesmo. Pensa num cara empolgado! Era o Josildo – conta Eurides.

¾ Não era bem assim, Eurides – fala Josildo. – Na verdade, como estava me habituando em uma nova área, pensei que fosse uma boa oportunidade para investir. E a ideia também era super bacana. Ao menos a ideia.

— Verdade, Jô! – Concorda Eurides. – Até que era uma boa ideia! Assim que você topou começamos a pensar: "O que é preciso para montar um barzinho?". Então pensamos em mesas, cadeiras, balcão, a parte interna da coisa, mas o essencial mesmo era encontrar um lugar bacana e apropriado para nosso empreendimento.

— Eurides, meu amigo, vale a pena lembrar todo o carinho com o qual montamos o XARESA. Pensamos em cada detalhe. As mesas e cadeiras eram de madeira rústica, todos os batentes das portas eram revestidos com palha, os abajures também eram em estilo rústico. As mesas e cadeiras foram compradas numa loja de móveis rústicos localizada no Riacho Grande, e o resto foi comprado numa Casa de Cordas, no centro de São Paulo. Sobre o local ideal para nosso empreendimento, encontramos um lugar muito bom, na nossa percepção da época: Avenida Dom Pedro II, em Santo André, perto de onde hoje é a Renault. – Recorda Santino.

— Cara, de fato, o lugar era muito bom – diz Celso –, mas confesso que ia sempre lá por vocês. Não tinha tantos barzinhos por lá na época e ficava bem no meio entre as baladas de Santo André e de São Caetano, então o povo optava por frequentar as baladas de um lugar ou de outro e isso dificultava a clientela de vocês.

— Nisso você tem razão, Celsinho. Não pesquisamos direito a praça, se era de fácil acesso ao público, apenas nos encantamos com o lugar. Era como se, de alguma forma, tivesse que ser lá – comenta Santino.

— Gente, o XARESA ficava num lugar muito perto de onde vários meninos profissionais do entretenimento adulto masculino trabalhavam. Era um dos nossos públicos – comenta Eurides. – Eram pessoas do bem, sempre respeitei, embora jamais utilizei o serviço em questão.

— Bom, gente! Agora mudando de pato para ganso, não podemos deixar de falar sobre como arrumamos o XARESA. Tivemos que arregaçar as mangas. Nós mesmos pintamos, organizamos, escolhemos as mesas e cadeiras. Nem de pedreiros precisamos, porque, aliás, nem tínhamos dinheiro para isso. – Relembra Santino.

— Essas coisas mais rústicas de arrumar, pintar e tal, ficou mais para você e eu, não é mesmo, Santino? O Eurides não sabia pregar um prego na barra de sabão, ou melhor, não sabia nem se batia com o prego ou com o martelo (risos). – Brinca Josildo.

— Meu amigo Josildo, nem vou te responder como deveria para não gastar a minha saliva. Agora vou contar a verdadeira história de quando arrumamos o XARESA. Nós marcamos de pintá-lo num sábado, às 8h, e adivinhem quem foi o único pontual? Isso mesmo, euzinho! Daí fiquei esperando... 8h, 8h10, 8h20, 9h, 9h30 e nada. Vocês foram chegar lá por volta das 10h – reclama Eurides em tom de brincadeira.

— Cara, por que você não mandou mensagem ou ligou? – Josildo continua brincando.

— E se vocês lembrarem, quando Josildo e eu chegamos atrasados, quem levou bronca foi você! (risos). Você veio questionar por que chegamos atrasados e daí a gente olhou bem para sua cara e disse: "Por que você não começou a pintar?" – Relembra Santino.

— Vocês estão vendo, né? Os caras que chegam atrasados e ainda reclamam porque eu não tinha começado a pintar – comenta Eurides, brincando sobre sua indignação na época.

— Mas Eurides, meu amigo, o tempo que você perdeu pensando mal da gente era o tempo que você teria adiantado muito o serviço – fala Josildo.

— Pois é, gente, mas o importante é que o XARESA, depois de muito trabalho, ficou pronto! – Conclui Santino e continua: – Era um sonho para nós que desse tudo certo. Não foi fácil para a gente custear os gastos iniciais. Para pagar a minha parte eu tive que fazer um belo de um financiamento e o Josildo torrou as economias da mãe dele para pagar a parte dele.

— Poxa, eu tive que vender um fusquinha que eu tinha na época, tive que andar a pé e de ônibus para custear a minha parte – fala Eurides.

— Outra coisa que me lembro é que tínhamos o Josildo como um ótimo sócio para a gente, pois nós ainda trabalhávamos na Antarctica e chegávamos tarde ao XARESA. O Josildo, como já era profissional liberal, era quem buscava as bebidas e os alimentos que precisávamos para o negócio. Era o nosso reabastecedor – comenta Santino.

— Ah, Santino... De fato, no começo ele era super empolgado, muito responsável com todas essas obrigações, mas assim como ele começou com essa baita animação, quando deu para desanimar avacalhou logo com tudo. Comparecia num dia e faltava no outro. Tal situação chegou num ponto que, por exemplo, íamos fazer uma X salada e não tínhamos alface, tendo ocasiões de no meio do expediente precisarmos correr num mercado para buscar itens necessários – Complementa Eurides.

— Então, concluindo, o XARESA deu bastante dor de cabeça para vocês, ou seja, fiz certo de não ter entrado na empreitada – comenta Celso.

— É, Celsinho, a gente ficou bastante chateado com você, por você não ter entrado com a gente nessa aventura, mas pelo menos você parou para pensar e dar uma resposta certa. Agora, o Josildo, da mesma forma afoita e sem pensar que ele entrou na sociedade, ele saiu, deixou a gente na mão. Chegou para a gente e disse: "Não estou mais a fim" e pronto. Lógico que a essa altura já estava bem relaxado. – Eurides comenta o comentário do Celso (risos).

¾ Isso é verdade! Da mesma forma que entrei, eu saí – confessa Josildo.

— Então, gente... Não defendendo o Josildo, porque foi sacanagem mesmo ele ter nos deixado na mão naquela época, vejam bem... O Eurides tinha acabado de ter a filha dele, a Rafaela, por isso a esposa dele não aparecia lá para ajudar, raramente ia a passeio. Eu ainda era solteiro, então, Josildo, vira e mexe, chamava a esposa dele para ajudar e sempre era ele quem ficava mais tempo por lá. O cara desanimou, principalmente ao ver que praticamente não tínhamos um lucro adequado. – Reflete Santino.

— Muito bem, Santino! Exatamente, tá explicado! – Concorda Josildo.

— Detalhe! – Eurides chama a atenção. – Na hora de ir embora, colocou o aparelho de som que era dele debaixo do braço e levou junto com ele. Ficamos sem som ambiente.

— Não, pessoal! Deixa-me contar a minha versão da história! – contesta Josildo. – Eu já tinha o meu trabalho com as vendas. Não ganhava muito, mas dava para sobreviver. Daí surgiu a oportunidade do XARESA. Achei a ideia muito legal, comecei empolgado, era tudo muito interessante. Mas percebi que as vendas no meu trabalho principal começaram a diminuir consideravelmente e o XARESA não me dava o lucro que eu esperava, então, meus amigos, eu tinha uma família para sustentar, tive que fazer essa escolha dura, mas necessária. Mas, de fato, não vou me fazer de santinho. Hoje, olhando, eu fiz errado da forma que fiz.

— Mas vamos ser sinceros, gente... Talvez tenhamos nos precipitados para montar o XARESA. O lugar não era adequado. Poderíamos ter montado em São Caetano, pela Goiás, ou no centro de Santo André. Sei lá! De fato, perdemos um bom dinheiro nesse investimento. – Avalia Santino.

— Mas amigos, vejam só... Hoje vocês têm essa história rica para contar e carregam com vocês muita experiência. – Celso consola os amigos.

— Temos, com toda essa bagagem, a confirmação daquele ditado popular: "Amigos, amigos, negócios à parte". A amizade continua, mas nem sempre com grandes amigos se formam grandes negócios. Claro que não é geralmente, mas o excesso de intimidade, que parece ajudar, pode atrapalhar também. – Reflete Eurides.

— Mas o importante é que estamos todos aqui e continuamos amigos. – Conclui Santino.

— Cara, mas vocês falaram, falaram e não explicaram o porquê do nome XARESA. De onde vocês tiraram esse nome? Nunca ouvi esse nome em nenhum outro lugar – fala Celso.

— Você nunca ouviu em nenhum outro lugar porque é um nome exclusivo, puramente nosso – explica Josildo. – O "Xa" de Xavier, que é meu sobrenome, o "re" é para representar o Eurides. Não ia ficar legal "XaEUsa", por isso invertemos as letras e ficou "re". E para finalizar o "As" de Santino.

— Isso mesmo, Jô! – Confirma Santino. – O XARESA tinha uma pitada de cada um de nós até no nome.

O XARESA despertou várias lembranças nos quatro amigos, memórias de um tempo no qual sonhavam com uma vida melhor, mas não tinham clareza em suas mentes de qual estrada os levaria para o sucesso. Apenas arriscavam, não ficavam sentados vendo a vida passar. O tempo realmente passou, e com as surpresas da vida seguiram por diferentes caminhos, e cada um, com seu jeitinho, conseguiu o seu sucesso, sua realização.

A noite veio, todos de barriga cheia, vermelhos como um pimentão devido ao sol em suas peles claras. Ah! Se alguém se atrevesse a dar uma tapinha nas costas de qualquer um deles, certamente ouviria um grito estridente de dor, mas, independentemente disso, estavam contentes e ficaram até tarde da noite conversando. Um deles havia levado um jogo de dominó em sua bolsa, o que animou parte da noite. Disputavam e apostavam algo em torno de dez centavos por partida, apenas para brincarem. No finalzinho da noite ficaram mais um pouco sentados do lado de fora, contemplando o céu de Araçoiaba, quando viram uma estranha luz passar pelo céu rapidamente e desaparecer. Josildo, então, pergunta aos seus amigos:

— Nossa! Vocês viram? Seria aquilo um disco voador? Algo brilhante passou correndo pelo céu e desapareceu. Achei muito bonito esse efeito, mas estranho.

— Cara, pelo que eu saiba, dizem ser normal ter atividades alienígenas por aqui. Não sei ao certo se é apenas para atrair o turismo, se é história de pescador, alucinação coletiva ou se é verdade mesmo. Já vi algumas coisas estranhas sobre isso, mas nada que traga certeza. Muitas pessoas daqui afirmam já terem visto tanto naves espaciais quanto alienígenas, inclusive, a pessoa que me vendeu aqui – conta Eurides.

— Gente, olha, esse papo de E.T. até que é legal, mas, no caso, o que aconteceu foi que passou por nós uma estrela cadente. Alguns dizem para fazer um pedido quando isso acontece – comenta Celso.

— Estrela cadente? – Santino olha para o céu pensativo e reflete. – Amigos, olhar para o céu é bem bacana e me faz lembrar de vocês e de todas as pessoas especiais que já passaram em minha vida. Tem pessoas que, como as estrelas, estarão sempre presentes em nosso céu, e tem outras que passam tão rápido, mas de um modo tão bonito, que nos encantam, e por mais que só vimos num único momento de nossas vidas, seu brilho ficará em nossas mentes para sempre. Vocês são como estrelas para mim.

— Bonito ouvir isso, Santino! – Eurides coloca a mão direita nas costas do amigo enquanto os outros olham com olhar de confirmação. – É muito bom estar com vocês aqui hoje, partilhando este momento e relembrando histórias. Pessoal, não me levem a mal, mas estou um tanto cansado e vou dormir. Ótima noite para vocês. Até amanhã!

Todos se desejam uma ótima noite e vão para suas camas, pois no outro dia teriam pouco tempo para aproveitarem antes de irem embora.

CAPÍTULO V
DE VOLTA AO LAR

5.1 Redescobertas: é hora de voltar. E o que ficou?

O galo cantou. Já eram 6 horas da manhã, mas ninguém acordou, pois estavam muito cansados. Haviam se divertido muito no dia anterior, tinham feito muita bagunça na piscina, caminharam bastante, comeram bastante, como se fossem adolescentes gozando de plena juventude. Bom, na verdade ainda eram jovens, pois a juventude está no interior de cada um de nós. Podemos dizer que eram jovens há mais tempo, ou veteranos na juventude, e nem sempre o corpo acompanha, como no caso dos recém-jovens. Se bem que existem muitos jovens com espírito de mais de oitenta anos, vendo suas vidas passarem por suas mãos sem aproveitarem, sem desfrutarem do que suas juventudes lhes permitem. Alguns agem assim pela depressão, outros pelo próprio jeito de ser.

Seria muito bom se todos os seres humanos soubessem conciliar a vida jovem que existe dentro de cada um com as responsabilidades e desafios que a vida nos coloca em nosso dia a dia. As nossas responsabilidades e nosso trabalho devem servir para nossa sobrevivência, desenvolvimento e crescimento, jamais devem nos amargar e tirar de nós o brilho da vida. É importante compreender e aceitar as limitações que a idade e o tempo nos trazem, entretanto, tais limitações não devem significar nosso fim, mas o começo de outra forma de se aproveitar a vida.

Já era próximo das nove horas da manhã quando Josildo se levantou e começou a fazer barulho na casa e atirar objetos contra os amigos, que ainda estavam deitados. Os demais se levantaram se espreguiçando, como se quisessem ficar na cama por um mais um bom tempo, contudo, sabiam que o passeio estava terminando, precisavam se levantar para aproveitar ao menos mais um pouco. Josildo, então, grita pela casa:

— Acorda, cambada! Bando de preguiçosos! Estão dormindo na casa da sogra, é isso?

— Cala a boca Josildo! Você acabou de acordar nesse instante e está aí falando asneiras – responde Eurides, entrando na brincadeira.

— Puxa vida! Já são nove horas da manhã e nem tomamos café ainda! Vamos sair daqui por volta das 12h ou 13h, assim que a gente almoçar – alerta Celso, preocupando-se com o cronograma do dia.

— Então, "bora" tomar café! – Convida Santino, e continua: – Concordo com você, Celsinho. É muito melhor sairmos daqui no começo da tarde para caso haja qualquer eventualidade no meio do caminho. Já não bastam as aventuras da vinda.

— Galera, vamos preparar um café simples, daí a gente faz uma caminhadinha, volta, esquenta a carne que sobrou de ontem no fogão mesmo, eu faço um arroz e a gente almoça para não ficarmos com fome no caminho – diz Eurides.

Sem precisar de mais orientações, cada um colaborou para preparar a primeira refeição do domingo. Todos já haviam relembrado do espírito de equipe e coletividade, cada um fazendo sua parte as coisas acontecem. Nesse caso, nada muito sofisticado, todos pareciam ainda estar satisfeitos com a comilança do dia anterior. Apenas um café preto, suco de caixinha que havia sobrado, pão de forma e o que sobrara dos frios do dia anterior. Para não perderem a oportunidade, mais uma vez procuraram histórias do fundo do baú e começaram a contar.

5.2 Lembranças do XARESA

— Meninos! – diz Josildo. – Ontem dormi pensando em alguns momentos engraçados que vivemos no XARESA. Alguém aqui se lembra do meu tio Chico? Ele morava próximo à minha tia Alaíde.

— Me lembro sim, Josildo! – responde Eurides. – Ele até foi com um pessoal visitar nosso barzinho.

— Eu me lembro vagamente, mas não me lembro de tê-lo visto lá. Mas como revezávamos muito, pode ser que ele tenha ido num dia em que não era minha escala – fala Santino.

Celso olha para os amigos, prestando atenção na história, e Josildo continua:

— Como vocês sabem, o XARESA era um "barzinho". O estilo que adotamos em nosso estabelecimento era bem adequado para casais ou grupo de amigos, para o pessoal bater papo e descontrair. Óbvio que também iam algumas famílias, mas, geralmente, quem frequentava sabia que haveria pessoas bebendo no local. Só que, certo dia, meu tio Chico decidiu fazer uma visita ao empreendimento do qual seu sobrinho era sócio, no caso, eu. Até aí tudo bem! Só que com ele foram vários de seus amigos da igreja. Eles haviam acabado de sair do culto, inclusive, o patrão dele também foi acompanhado pela esposa.

— Cara, me lembro desse dia. Embora você estivesse feliz pela visita, estava um tanto sem graça devido ao local não combinar com aquelas pessoas. Mas, de certa forma, foi muito bom, porque além de te visitarem e demonstrarem o quanto você era importante para eles, também consumiram bastante. – Relembra Eurides.

— Verdade, amigo! Isso foi muito bom, entretanto, tivemos que dar um jeitinho para atendê-los bem. Lembram que eles levaram algumas crianças e uma delas, assim que chegou, perguntou para o pai: "É aqui que vamos comer?". Certamente, ele pensava encontrar algum tipo de lanchonete, pizzaria, ou algo assim, mas foi praticamente levado para uma balada. Lógico que um barzinho é um tanto mais tranquilo, mas, mesmo assim, não é o tipo de lugar que encante uma criança.

— Puxa, Jô! Agora me lembrei dessa parte. Me lembro até da carinha do garoto ansioso para comer, sem nem saber o que estava acontecendo, perguntando: "É aqui que vamos comer?". Bom, ainda bem que nossos lanches ao menos eram bons. E o povo que havia acabado de sair da igreja, em momento de oração, e depois foi parar numa balada? – comenta Eurides.

— Nossa, gente... Quem ouve vocês falando pensa que o XARESA era uma casa de entretenimento adulto, um cabaré ou uma boate. – Brinca Celso. – Acho que foi o XARESA que inspirou Milionário e José Rico a comporem aquela música, "Boate Azul", que começa mais ou menos assim: "Doente de amor... Procurei remédio na vida noturna".

— Celsinho, Celsinho! (risos). Pior que ouvindo vocês falarem assim, dá exatamente essa impressão – Concorda Santino.

— Está certo, gente! Não é para tanto. O XARESA era um lugar de pessoas decentes, mas não era bem um restaurante – reitera Josildo.

— Sim, pessoal! Vocês têm razão. A gente fala assim, mas eu não tinha vergonha nenhuma de levar quem quer que fosse lá – explica Eurides e comenta sobre uma nova lembrança do XARESA: – Agora, mudando de assunto, vocês se recordam de uma vez que o Josildo levou uma banda para tocar no XARESA, do Paulinho Manquitola?

— Paulinho Manquitola, minha nossa! Você me fez lembrar dele agora. Faz muito tempo que não tenho informações dele! – Recorda Santino com saudosismo.

— Também não tive mais notícias dele. Mas então, num desses dias que o Paulinho e sua banda foram tocar no nosso barzinho, minha irmã Sandra, que Deus a tenha em Sua infinita Glória, estava lá com meus outros irmãos. Eles estavam tranquilos, comendo, bebendo algo e conversando. Chega uma altura da noite em que os músicos ficaram cansados, precisavam descansar um pouco, comer alguma coisa e ir ao banheiro. Justamente nesse intervalo, minha irmã Sandra subiu ao palco, empossou o violão e começou a tocar e cantar uma linda canção. Me emociono até de falar, quando me recordo de sua voz e da emoção que ela colocava em cada acorde, em cada nota... Meu coração se enche de saudades. Todos que estavam no XARESA também se emocionaram, ficaram surpresos, porque uma menina, que surgiu do nada, chamou mais a atenção do que a banda da noite. E isso não era porque os caras eram ruins, era porque, de fato, minha irmã era muito talentosa. Jamais me esqueço dessa cena. Parecia aquelas cenas de filmes, na qual uma desconhecida aparece do nada e encanta todos ao redor.

Todos olham para Eurides, que estava com seus olhos marejados, e concordam com cada palavra, pois conheciam sua irmã e sabiam do talento dela. Existem pessoas que passam pelas nossas vidas e nos deixam marcas permanentes. Algumas nos marcam pela dor e, outras, pelo amor. Sandra marcou muitas pessoas com amor, especialmente seu irmão Eurides, que trazia por ela uma grande admiração e a carregava consigo no mais profundo do seu ser. Existem pessoas que ainda que deixem este mundo, permanecem vivas em nós enquanto vivermos.

— Me lembro, amigo! Sua irmã era uma mulher muito especial, dava gosto de ouvi-la. – afirma Santino.

— Imaginem só, amigos! Depois do show que ela deu no intervalo, com voz e violão, vendo todo o público pedindo bis, com que cara falaríamos para a banda que o povo não queria mais eles naquela noite e, sim, ela? – Relembra Eurides. – Tanto que depois daquele episódio, juntou ela, meu irmão Toninho e o Sérgio (Fio de Cabelo), e começaram a tocar no XARESA todo sábado à noite a troco de cachaça. Faziam isso apenas pelo prazer de cantar e tocar.

— Sérgio Fio de Cabelo (risos)... Essa época foi justamente quando Chitãozinho e Xororó lançaram a música "Fio de Cabelo", e as pessoas gostavam muito dessa música – comenta Josildo. – O fato de ter música, além do povo achar o máximo, nos ajudava também na parte financeira, que não estava fácil.

— Tem razão, Josildo. Eles nos deram muita força. – Concorda Eurides – Mas o que quero dizer com toda essa lembrança é que não podia deixar de prestigiar minha irmã nessa história. E onde quer que ela esteja, quero que ela saiba o carinho e apreço que trago por ela. Hoje ela é, de fato, uma estrela.

— Que linda essa frase, Eurides! – Emociona-se Celso, – Ela sempre será uma linda estrela no céu das suas lembranças.

5.3 Santino e Josildo em Caraguatatuba

— As lembranças na vida de uma pessoa ajudam a construir o que ela é no presente. Algumas delas doem, outras nos levam a ter saudades, outras, ainda, fazem-nos sorrir, mas todas fazem parte de nossa história e merecem ser respeitadas. – Reflete Josildo, suspirando fundo, pensativo. Então, ele olha para os amigos e tem uma nova lembrança: – Gente, mudando de "pato para ganso", lembrei de outra história rapidinha. Santino, você se recorda de quando você e eu fomos para Caraguatatuba com uma galera? Era final de ano, você havia me dito que passaria o Ano Novo com o seu pai, daí eu insisti para que você fosse conosco ao menos para passar o Natal.

— Estou lembrando sim. Passamos o Natal em Caraguatatuba. Estávamos, inclusive, com as crianças também. – Recorda-se Santino.

— Você tinha até um Escort. O motor não estava tão bom, eu lhe disse que poderia até ficar com o meu carro. Enfim, você topou. Fomos em três carros e, no geral, foi tudo bem. Chegamos lá, aproveitamos bastante e nos divertimos. Num dos dias, eu acordei cedo e fui à padaria para comprar pão para tomarmos café e cigarro – conta Josildo.

— Você fumava, Jô?! Nossa, nem lembrava! – diz Celso.

— Cara, você está velhinho mesmo... Eu fumava igual uma caipora! – responde Josildo. – Ainda bem que parei com esse mal. Hoje sei o que é respirar. Bom, mas voltando à história, quando eu voltei da padaria, vocês estavam acordando. Após tomarmos café, todo mundo queria ir para a praia, menos eu. Então, eu falei para vocês seguirem para a praia que eu ia ficar na rede um pouco, ler alguma coisa e depois, talvez, eu aparecesse por lá. Assim eu fiz, mas estava inquieto. Sabe quando você não tem certeza do que quer fazer da vida? Decidi ir caminhando até a praia e no meio do caminho parei no orelhão e liguei para minha mãe, então ela me disse: "Filho, pensei que vocês estavam vindo para cá para passar o Ano Novo comigo". Essa era a ideia que eu estava precisando. Sabe cachorro feliz quando balança o rabinho? Assim eu fiquei, me animei novamente. Ao chegar à praia, contei a ideia para Cida e já percebi que ela topou de primeira. Contei para os demais, todos gostaram, inclusive você, Santino. Você ficou super empolgado, queria muito ir. Detalhe, minha mãe morava em Recife, íamos de Caraguatatuba até Pernambuco, decidindo de última hora.

— Josildo, mas eu não fui nessa viagem com vocês – disse Santino.

— Exatamente, Santino. Vocês não toparam porque parece que tinham uma reforma para fazer e iriam gastar muito – responde Josildo.

— Cara, eu queria muito ir. Vocês sabem que gosto muito dessas aventuras malucas. Pena que não deu certo – fala Santino, nostálgico.

— Verdade, Santino, foi mesmo uma pena – Concorda Josildo. – E o pior é que você disse que poderíamos ir para Pernambuco sem vocês, que você não ficaria chateado, pelo contrário, que seria bom a gente ir e que marcaríamos para ir em uma próxima vez. Até hoje estou esperando essa próxima e nunca fomos.

— Bom, Jô! – responde Santino. – Aqui não é Pernambuco, mas cá estamos numa nova aventura.

Após tomarem o café, Eurides os levou para um lado que ainda não os havia levado no sábado. Caminharam um pouco pela região e ficaram encantados com a beleza. Eurides lhes mostrou ao longe alguns detalhes de Araçoiaba, pontos onde as pessoas afirmavam ter visto extraterrestres e discos voadores, mas devido ao tempo não foi possível levá-los a esses pontos turísticos. Como já era perto do meio-dia, sabiam que deveriam ir embora, pois estavam atrasados em relação aos planos iniciais. Eurides, como anfitrião do passeio, fez a eles uma proposta reflexiva:

— Amigos, não sabemos quando voltaremos todos juntos aqui novamente. Vira e mexe eu estou por aqui, mas vocês não. É onde eu gosto de refletir sobre a vida, relaxar, ficar pensando em nada, enfim. Mas não quero que esse passeio fique por aqui, digo, quero que vocês levem daqui uma lembrança deste momento, algo daqui, desta terra, que simbolize este dia, nossa amizade. Ao nosso redor existem várias coisas. Olhem, peguem qualquer coisa, depois digam por que pegaram, pode ser?

Todos concordaram. Acharam um pouco estranho o pedido do amigo, mas não se opuseram, entraram na atividade. Caminharam ao redor daquele espaço verde, olharam, pensaram, sabiam que não tinham muito tempo para fazerem a escolha, tinha que ser uma decisão natural e do coração. Cada um, então, conseguiu encontrar algo dentro da proposta, algo vindo da terra, nada produzido por mãos humanas e, sim, pelas mãos divinas. Após esse momento, os quatro ficaram frente a frente. Eurides pergunta quem se habilitava a falar primeiro sobre sua escolha e Josildo se manifestou:

— Andando por este caminho encontrei muitas coisas bonitas. Percebo o quanto somos agraciados aqui, neste planeta, mas muitos de nós não damos valor em meio à vida urbana. A mão do homem transforma tudo, não é mesmo? Achei este quartzo, muito bonito por sinal. Quando o levanto ao Sol ele brilha, assim como brilha a vida ao lado de amigos verdadeiros. Este quartzo transformado pode virar um vidro transparente e precisamos ser assim com nossos amigos, transparentes, verdadeiros e sinceros. E esse vidro pode virar um copo para confraternizarmos e bebermos com pessoas especiais como vocês.

— Nossa, Jô! – fala Eurides, surpreso com as palavras do amigo. – Muito belas palavras amigo! Excelente! Quem será o próximo?

— Posso ser eu! – Prontifica-se Celso. – Bom, talvez eu não seja tão poeta e filósofo quanto nosso amigo Josildo, com essa reflexão muito legal, mas vamos lá. Eu encontrei esta rosa e ela me lembra bastante tanto a própria vida quanto as relações. A rosa é uma flor que expressa imensa beleza, que só pode ter sido criada por Deus. O perfume de suas pétalas é algo que toca nossos afetos, porém, as pétalas são frágeis, não podem ser tratadas de qualquer jeito. Além disso, os caules têm espinhos, e a mesma beleza que nos encanta também pode nos ferir. A vida também é assim. É como um mar de rosas, mas tem as dificuldades dos espinhos. Assim como as relações de amizade, que têm os momentos de companheirismo, mas também têm os momentos de desentendimentos. Precisamos saber lidar com ambas as situações.

— Não acredito, gente! Estou vendo aqui talentos revelados. Acho que vocês têm vocação para fazerem filosofia ou virarem poetas. Fantástico também, Celsinho. Agora é você Santino! – fala Eurides.

— Bom, pessoal, vamos lá! – Começa Santino a falar sobre sua escolha, – A minha escolha se parece com a do nosso amigo Celsinho, contudo, eu quero falar sobre outra perspectiva. Escolhi uma flor que não é uma rosa, mas é tão bela quanto. As flores, como qualquer outra planta, precisam da terra para brotar, precisam ser cultivadas e regadas para florir num jardim. E assim são os amigos. Eles colorem o jardim da nossa vida, mas se não cuidarmos deles, se não cultivarmos a amizade, eles murcham, a beleza se esvai, a vida afasta. Por isso que não é fácil dizer que somos amigos de um ou de outro. É preciso que cuidemos uns dos outros, não se intrometendo na vida e nas escolhas, mas, sim, se fazendo presente, acolhendo o amigo nos momentos de alegrias e tristezas.

— Olha, amigos! Vocês estão de parabéns! Todos trouxeram falas muito bonitas. Me emocionei com o que vocês disseram. Como todos vocês falaram, eu também vou falar. A minha escolha não se pode ver, apenas sentir. Levo comigo este ar puro das matas, que preenche o meu pulmão e me dá forças para seguir em frente. É tão engraçado que aquilo que me ajuda a viver eu não consigo ver, mas existe e é essencial. Assim são os verdadeiros amigos. Nem sempre estamos juntos, perto uns dos outros, mas apenas o fato de sabermos que existem já nos faz nos sentirmos mais seguros, que alguém está torcendo pela gente. Às vezes, estamos cercados de pessoas que fisicamente estão presentes todos os dias ao nosso redor, mas não torcem por nós como algumas pessoas que passam por nossa vida e, às vezes, há tempos não vemos. Quero dizer que nesses mais de quarenta anos de história que temos de amizade, nem sempre estamos juntos fisicamente, mas quando me lembro de vocês, me sinto jovem. É bacana essa sensação.

— Nossa, Eurides! – Surpreende-se Santino. – Cara, é exatamente isso que sinto sobre vocês. É muito difícil a gente se reunir como estamos fazendo agora. Temos vários compromissos, temos nossas famílias, entre outras situações, mas quando me lembro de vocês é essa a sensação que tenho. Sinto a juventude correr novamente em minhas veias quando lembro de todas as aventuras que passamos juntos. Gostei muito de ouvir todas essas reflexões sobre amizade, me identifiquei com todas e é exatamente por isso que estamos aqui, que insisti para que aflorássemos nossas memórias.

— Vocês estão muito inspirados hoje, amigos. Muito bom ouvir tudo isso. Pena que agora temos que ir, pois estamos bem atrasados em nossa programação. Íamos sair à uma hora da tarde e ainda temos que comer algo, arrumar rapidamente todas as coisas para tentarmos sair no máximo às três da tarde. É melhor para nos precaver caso ocorra qualquer nova eventualidade – fala Celso.

— Celsinho tem razão. Melhor a gente voltar antes que fique mais tarde e tenhamos que sair de noite – Concorda Josildo.

Os quatro amigos caminham em direção à casa da chácara, felizes por ouvirem tantas palavras ricas em ensinamento e de passarem um tempo em contato com esses amigos e a natureza. Ao chegarem, eles organizam tudo, dobram e guardam as roupas dentro das mochilas, varrem as áreas que sujaram, verificam na geladeira e no armário o que precisavam recolher para levarem, enfim, arrumam da forma mais prática e organizada que homens podem conseguir. Então, pegam as carnes que tinham sobrado, colocam numa panela para esquentar, jogam farinha e pimenta por cima e comem rapidamente. Não vamos contar as consequências dessa refeição, mas ao menos não voltaram de barriga vazia.

Hora de partir, cada um deles leva parte das mochilas para o carro, ajeitam o que precisava ser ajeitado para não esquecerem nada. Por dentro queriam ficar mais um pouco, mas já estavam cansados e sabiam que não era prudente deixar a volta para mais tarde. Eles entram no carro e começam a viagem de volta. Claro que não se esquecem de carregar os celulares e, por precaução, levam o mapa que haviam conseguido com o homem desconhecido das matas. Eurides, então, diz:

— Gente, fala sério, eu não preciso de mapas para ir ou vir para cá. Conheço o caminho como a palma da minha mão, mas vamos levar esse mapa como recordação.

E seguiram o caminho de volta tranquilamente e sem qualquer intercorrência. O que a ida teve de difícil, a volta teve de tranquila. Santino, como estava em seu carro, foi o último a chegar em casa. Deixou cada um em seus respectivos lares e só depois voltou para o seu, mas isso não foi nenhum fardo para ele, pois estava muito satisfeito com as experiências vivenciadas. Às vezes, vale a pena tomar algumas atitudes de autoconhecimento e reflexão.

Vivemos a procrastinar várias coisas em nossas vidas. Procrastinação é quando deixamos para depois o que podemos fazer agora e sempre ficamos dando desculpas, dizendo que depois vamos fazer algo e nunca fazemos porque esse depois nunca chega. Mas não devemos deixar para depois o que podemos fazer hoje. Os quatro amigos talvez tenham demorado para fazerem esse encontro, mas, em certo momento, sem pensarem muito, marcaram algo meio maluco e de última hora. Quando se perguntam sobre esse passeio, levantam a questão: "O que ficou disso tudo?". E chegam à conclusão de que em cada momento de nossas vidas fica a experiência e isso fortifica a nossa essência.

5.4 De volta ao aconchego: a história continua

Quem sabe onde a estrada da vida irá nos levar? Muitos não sabem nem mesmo ao certo onde desejam chegar. Desejando chegar a algum lugar temos, ao menos, uma direção, possibilidades de caminhos, sabemos que escolher um lado pode nos levar ao destino e, escolher o outro lado, leva-nos para longe de onde queremos chegar.

Mas quem de nós, mesmo sabendo onde quer chegar, pode ter certeza de que vai chegar exatamente aonde quer e do jeito que quer? Será que estamos preparados para mudanças? Será que somos resilientes para aceitarmos as situações diferentes, desconhecidas e talvez indesejadas que aparecem no caminho? Como propõe um velho ditado, será que estamos preparados para quando a vida nos oferecer limões fazermos uma limonada? Ou ficaremos preocupados apenas com o azedo, reclamando do motivo de não aparecerem morangos docinhos?

A viagem a Araçoiaba realizada pelos quatro cavalheiros da Antarctica havia terminado. Cada um voltou para sua respectiva casa sentindo-se transformado. Mas como uma viagem tão rápida pode ter sido tão significativa na vida desses amigos? A reflexão que fica é que não importa a quantidade, mas a qualidade e a intensidade com que aproveitamos o tempo. Durante aquele passeio não ficaram apenas as lembranças do final de semana. Eles conseguiram trazer à tona partes importantes das memórias de mais de quarenta anos de amizade.

O primeiro a chegar em casa foi Celso. Embora estivesse cansado, transparecia em sua face um semblante de satisfação, sentia que a juventude ainda corria em suas veias. Sua esposa, Viviane, já estava ansiosa. Apesar de saber que possivelmente ele almoçaria em Araçoiaba, havia preparado um café especial para recebê-lo. Foram apenas duas noites fora, mas já estava com saudade. Assim que ele entrou pela porta, ela o recebeu com um abraço e um beijo caloroso, acolheu-o, ajudou-o com a mochila e lhe perguntou:

— Amor, você acredita que senti saudades de você? Mesmo tendo sido pouco tempo fora, minhas noites não são as mesmas sem você. Espero que tenha gostado do passeio. Sabia que era importante para você.

— Vida, saiba que onde quer que eu vá, eu levo você em meu coração, sempre me lembro de você em tudo que vou fazer. Você não sabe o quanto sou feliz por ter uma mulher como você e te agradeço demais por ter me deixado ir a esse passeio. Você tem razão, foi muito importante para mim. Não foi apenas por esse passeio em questão, mas pelo fato de eu poder entender que minha vida é uma trajetória cheia de obstáculos e conquistas. Tenho muitas histórias com minha família e com meus amigos, e percebi a importância que você tem no livro da minha vida – responde Celso.

— Nossa! – Emociona-se Viviane, ficando com os olhos marejados. – É tão lindo ouvir isso de você mesmo após todos esses anos juntos. É claro que eu deixei você, ir mesmo sabendo que sentiria sua falta. Quem ama cuida, mas quem ama quer ver o outro feliz, ainda que em alguns momentos precise ficar distante para isso.

Os dois se olham carinhosamente, abraçam-se e sentam-se à mesa para tomarem o café da tarde, uma vez que já se aproximava das seis horas da tarde. Pouco distante dali havia ficado Josildo, que para amaciar o coração de sua amada Cida, deu a ela a rosa que havia pegado em Araçoiaba, em lembrança de seus amigos. Assim que entrou em casa e a viu sentada no sofá, disse-lhe:

— Boa tarde, minha princesa! Que saudade de você! Olha o que eu lhe trouxe: uma rosa para outra rosa.

— Ai, que fofo! – responde Cida, e continua: – Fala logo. O que você aprontou?

— Ôxe! – exclama Josildo. – Nada, oras! Apenas quero demonstrar que me lembrei de você, a mãe dos meus filhos, a mulher que escolhi para envelhecer ao meu lado, para dividir o copo da dentadura.

— Fora a parte da dentadura, que lindo isso que você falou! – Admira-se Cida. – Fico feliz em te ver assim, brincalhão e romântico. O passeio lhe fez bem.

— Sim, muito bem! – comenta Josildo. – É ótimo estar entre amigos e melhor ainda saber que tenho você para voltar.

Cida olha com aquele olhar desconfiado de tanta "melação", mas acha bonito ver o marido lhe dizer essas coisas. O penúltimo a chegar em sua casa foi o Eurides, que havia sido o point inicial, onde os amigos haviam se reunido para saírem ao passeio. Santino o deixou já eram mais de seis horas da tarde. Ao chegar em casa, lá estava sua esposa, a Sandra, um pouco preocupada, mas bem, e lhe disse:

— Eurides, Eurides! Você me deixou doidinha na sexta-feira. Saíram daqui nem era tão tarde, dava três da manhã e nada de você avisar que chegou. Fui conseguir dormir já eram quatro da manhã, após você mandar a mensagem dizendo que haviam chegado. Depois você vai me contar "tim tim por tim tim" essa história. Mas você não sabe que alegria você me dá ao te ver chegar agora são e salvo. Você é muito importante para mim.

— Olha só, meu amor! Depois te conto mais detalhes de tudo que aconteceu. A viagem foi maravilhosa, mesmo com todas as intercorrências. Mas agora estou vendo que até nessa recepção que você me deu essa viagem foi boa. É bom ser recebido por alguém que sente saudades de você. E quero que saiba que é recíproco, viu?

Os dois então se abraçam carinhosamente e vão organizar as coisas da viagem, uma vez que, pelo fato de o passeio ter sido na chácara da família, muitas das coisas utilizadas eram deles.

Por fim, Santino conseguiu chegar em casa perto das sete horas da noite. Quando chegou, estacionou o carro, retirou sua mochila e abriu a porta da sala, tudo no mais completo silêncio. Preocupou-se, porque as luzes estavam apagadas e sua esposa não havia lhe dito que sairia. Da sala subiu direto para o quarto para levar a mochila, chamando sua esposa:

— Andreia?! Andreia?! Cadê você?

Ele tira seus sapatos, coloca os chinelos e troca rapidamente de roupa. Desce preocupado as escadas e vai em direção à cozinha. Chegando lá, acende a luz e...

— Surpresa! – Sua esposa Andreia exclama em voz alta. – Eita homem enrolado esse Santino! Eu aqui esperando desde que ouvi o barulho do portão se abrindo e você nem passou aqui pela cozinha. Imaginei que uma hora você iria vir para cá, mas não pensei que fosse demorar tanto.

— Não acredito! Você estava aí! E o que é isso tudo que você fez, meu amor?

Sobre a mesa estavam dois pratos e os respectivos talheres, duas taças e uma garrafa de vinho de fabricação própria, uma travessa de couve-flor gratinada com queijo especial, outra de lagarto assado e uma de salada colorida, todos os pratos decorados. Andreia, então, responde:

— Santino, meu amor... Fico muito feliz ao ver você realizando um sonho, e esse passeio também fez parte do sonho de resgatar memórias tão importantes para vocês, e colocar essas histórias como registro para que outras pessoas possam conhecer a riqueza dessas experiências. Acho que seria muito válido a gente comemorar, por isso preparei essa mesa com todo carinho para te receber.

— Nossa, Andreia! Não sei nem como te agradecer por tanto carinho. Você é um anjo que apareceu no meu caminho. Até seu nome surgiu no meio das histórias. É um prazer imenso dividir meus dias com você!

E, assim, todos em suas respectivas casas, com suas respectivas esposas, puderam, enfim, descansar. É uma alegria imensa poder passear, partilhar com amigos, distrair a cabeça, mas alegria maior é saber que existe um lugar para voltar com pessoas que te amam e esperam por você. Nenhum ser humano nasceu para ser sozinho, todos precisamos de alguém. Como dizia o poeta inglês John Done: "Nem um ser humano é uma ilha isolada". Ainda que alguém prefira a opção de morar sozinho, precisa de amigos ou mesmo manter relações profissionais, nem que sejam as pessoas dos estabelecimentos onde se faz compras para sobreviver. Exceto os eremitas, que por opção própria abdicaram da condição humana para viverem uma vida reclusa, porém, natural, relacionando-se apenas com a natureza.

Entretanto, aqui na cidade é inevitável o contato; ou mesmo nas zonas rurais, pessoas precisam de pessoas, estamos de alguma forma todos conectados. Extremamente prazeroso é quando essas conexões são positivas para nós e nos fazem crescer, olham-nos nos olhos e sabem nos repreender quando estamos errados e nos elogiar quando estamos certos, acolhem-nos em nossas tristezas e festejam conosco as nossas alegrias. Assim, são os verdadeiros amigos.

A noite foi e o dia vem, o Sol, que havia se escondido no horizonte trazendo a escuridão, ressurge do outro lado do horizonte, trazendo o dia com sua luz revigorante. Passear foi muito bom, mas agora começava a semana cheia de responsabilidades, cada qual no seu trabalho, batalhando pelo pão de cada dia, seguindo a semana com a energia renovada. Agora, olhavam para as paredes de seus escritórios, para suas ferramentas de trabalho, com outros olhos. Haviam reforçado dentro deles o sentido da palavra gratidão. Embora sempre fossem gratos por tudo que haviam conquistado nos amplos papéis de suas vidas, sentiam ainda mais que suas vidas não haviam sido em vão, mesmo os tropeços tiveram seu valor e aprendizado.

Duas semanas depois, em horário comercial, Santino manda uma mensagem no WhatsApp dos outros três amigos: "Preciso urgente falar com vocês! Vamos fazer uma chamada de vídeo na hora do almoço?". Todos ficam preocupados e acham estranho. Tinham visto o amigo duas semanas antes e estava tudo bem. Sempre que ouvimos ou lemos a palavra "urgência", sentimos que não é algo simples que está acontecendo, pode ter acontecido algo ruim, ou bom demais, ou até mesmo ter outras conotações. Nesse sentido, gera-se a ansiedade como consequência por ter que lidar com o desconhecido.

Haviam recebido a mensagem às 9 horas da manhã e esperar até meio-dia gerava bastante curiosidade em todos. Assim, os três tiveram a ideia de perguntar antes sobre o que se tratava, mas a resposta foi a mesma: "Depois eu falo". Chegada a hora do almoço, eram precisamente 12 horas e 30 minutos, Santino pergunta por mensagem se todos já estavam prontos para a chamada de vídeo. Quando tem a resposta positiva de todos, começa a utilizar dos recursos que a tecnologia oferece:

— Boa tarde, amigos! E aí, como vocês estão? Olha como a gente está chique... Nós quatro, cada um no seu próprio espaço, conseguindo conversar e se enxergar nesse aparelhinho.

— Poxa, Santino, nós estamos muito modernos mesmo e super ansiosos para saber por qual motivo estamos aqui – confessa Eurides.

— Cara, nem almocei direito só para ver o que é que você está aprontando – comenta Josildo.

— Pois é, senhor Santino. Nós estamos entrando no ritmo das amizades do século XXI. Super modernos! Agora conta, o que de tão secreto tivemos que esperar para saber só agora – fala Celso.

— Gente, gente... Primeiro quero dizer que estou com muita saudade de vocês. Em segundo, quero dizer que estou muito ansioso para termos uma nova aventura, colocar o papo em dia e relembrar mais histórias.

— Bacana ouvir isso, Santino! Acho que esse nosso passeio para Araçoiaba despertou muitas coisas em você. Quero que saiba que em mim também, pode ter certeza, e acredito que também nos demais. Daquelas lembranças, ao longo destes dias surgiram mais. Se formos puxar pela memória temos milhares de outras vivências interessantes – comenta Eurides.

—Tem razão, Eurides! – Concorda Celso. – Temos muitas outras histórias que dariam vários livros. Minha nossa! Mas todas essas que já recordamos e trouxemos até o momento são muito especiais.

— Pessoal! – Pronuncia-se Santino com ar de pensativo. – Estava aqui refletindo... Nós quatro fomos para Araçoiaba, aqui perto, no interior de São Paulo. Por que não irmos para mais longe? Que tal irmos de moto, carro ou até mesmo num micro-ônibus, para o Nordeste? Já ouviram falar de motorhome? São aqueles micro-ônibus que têm até cama, justamente para dar o máximo de conforto aos viajantes aven-tureiros. Seria uma honra se todos nós fossemos juntos. Conversei com um rapaz que aluga esses veículos. Como ele me conhece fará valores bem mais acessíveis. O plano é viajarmos sem um destino certo, simplesmente pegarmos uma estrada para o Nordeste e irmos parando em vários lugares turísticos. Dependo apenas da resposta de vocês para confirmar. O que acham?

Todos olharam surpresos para o celular com a presente proposta. Será que os quatro cavalheiros da Antarctica aceitarão essa nova aventura? Será que terão coragem de atravessar estados sobre a garupa de uma moto, de um carro ou de um motorhome? Será, ao menos, que sabem pilotar? Se eles foram ou não, não saberemos agora, mas o que podemos saber é que enquanto houver respiração, a história continua.

CONSIDERAÇÕES FINAIS

Somos todos peregrinos nesta Terra. Chegamos aqui sem nada e sem nada voltaremos. Viemos do pó e a ele regressaremos. Todos os bens e títulos que acumulamos nesta existência de nada valerão se os tesouros da nossa essência não forem conquistados. As lutas do nosso cotidiano são muito importantes, precisamos batalhar pelo pão nosso de cada dia para dar aos nossos e a nós mesmos o melhor que pudermos dar, mas sem nos esquecer de que os maiores e melhores valores não são aqueles que o dinheiro pode comprar, mas aqueles que um coração que ama e consegue ser grato pelas pequenas coisas sabe transmitir. Somos todos viajantes caminhando pelas estradas da vida. Passamos por algumas retas, mas também por várias curvas, alguns trechos floridos e outros no meio do deserto, subidas e descidas, partes planas e outras esburacadas, entretanto, independentemente de como for o caminho, a cada passo um aprendizado diferente.

É tão bom quando nesta jornada podemos contar com pessoas especiais que, mesmo sem ter o nosso sangue, unem-se a nós de modo transformador. Ter amigos é como ter um jardim florido, e mesmo quando passamos pelos desertos da vida, sabermos que temos um lugar cheio de flores para contemplarmos. Quem tem um amigo tem um tesouro, já dizia o profeta há milênios. Eles nem sempre estão conosco em presença física, mas em nossas memórias carregamos palavras e aprendizados que recebemos de cada um deles. São tesouros em nossos corações.

Saber que alguém torce por nós e nos deseja milhares de coisas boas também nos ajuda a seguir a diante. Problemas, todos nós passamos ou vamos passar, mas, de repente, num abraço ou numa simples ligação, encontramos motivação para levantarmos a cabeça e termos coragem de enfrentá-los.

Amigos são pessoas, são seres humanos, não são perfeitos. É bem possível que em algum momento nos decepcionem. Nesse sentido, é necessário que revisitemos a caixinha dos tesouros que conquistamos ao lado daquela pessoa. Às vezes, importamo-nos demais com apenas um cascalho, sendo que a caixinha está cheia de pérolas. Assim como um dia podemos nos decepcionar com alguém, podemos decepcionar uma pessoa, então, nas relações humanas, precisamos entender a necessidade de perdoarmos e pedir perdão.

Somos seres especiais, seres sociais, precisamos uns dos outros para viver, e é importante que lembremos dos dois principais mandamentos que Jesus nos deixou: "Amar a Deus sobre todas as coisas e ao próximo como a nós mesmo". Precisamos entender que acima de nós existe um ser superior que está acima de tudo e que nos ama incondicionalmente, mas também precisamos entender que para amarmos ao próximo precisamos nos amar, pois a medida de amar ao próximo é a mesma com a qual nos amamos. Então, o aprendizado que nos fica desse ensinamento é que tenhamos amor-próprio, sejamos amigos de nós mesmos, para que possamos amar e sermos amigos dos que vivem ao nosso redor.

Nas palavras deste singelo livro, mas rico em amor, procurou-se contar a história de quatro amigos que cultivam e mantém a amizade há mais de quarenta anos. É difícil encontrarmos relações tão duradouras e respeitosas como a desses amigos. Eles também não são perfeitos, já riram e já choraram juntos, já concordaram e já discutiram, mas o que faz uma relação durar é sabermos que somos diferentes e que nossas diferenças não precisam nos separar, mas nos complementar.

Nestas páginas poderiam ser colocadas muitas outras histórias e vivências desses quatro amigos, mas foram selecionadas algumas em especial, para expressar algumas ricas experiências do valor da amizade e da gratidão. Para alguns, são histórias simples, mas para outros, que sabem apreciar os pequenos detalhes, são reflexos da vida de quatro amigos que reconheceram nas conquistas e nas dificuldades o prazer e o aprendizado de se viver.

E a estrada continua, as histórias continuam a acontecer e as lembranças continuam a aparecer. A vida é assim, uma locomotiva que não para, por isso também não podemos parar. Que possamos aprender com essas histórias, a sermos gratos por toda nossa trajetória, a valorizarmos todos os momentos e a amarmos quem somos e a apreciarmos o dom da amizade.